新訂版

ブラジル人による

生きたブラジル ポルトガル語

CD付き

基礎をとことん学びたい人のために

兼安シルビア典子
SÍLVIA NORIKO KANEYASU

PORTUGUÊS VIVO: VIVA BRASIL

新正書法対応

DOGAKUSHA

吹き込み
Aparecida Mitsue Mituiassu
Merlin Calenda di Tavani

*

表紙・本文イラスト
Charlie

SUBSTANTIVOS

Faca é faca.
Pão é pão.
Fome é fome.
Amor é amor.

Estranho desígnio das coisas
de serem exatamente elas
quando as olhamos sem paixão.

Tanussi Cardoso

はじめに

本書は、９年間に渡り、日本の大学でポルトガル語を教えてきた間に準備した教材をまとめたものです。当初は、日本で出版されているポルトガル語のテキストには不十分または不足している説明を学生に補足的に提供するためのものでしたが、私の教材が授業で占める割合が増えるにつれて、採用していたテキストが逆に補足的な役割を果たすようになりました。そこで、自分で作った教材を全面的に使うことにし、そのために、私にとってより合理的な順序で整理し、加筆・修正を加えました。その際、学生が分かりにくかった文法事項を強調し、より徹底的な説明を心掛けました。そういう意味で、本書は、私と、個々の疑問や質問をぶつけてくれた学生との共同作業の結果であるといえます。従って、この１０年間近く私の授業を受講した学生各位に心より感謝し、第一に彼らに本書を捧げたいと思います。

ただ、本書について思い上がりの気持ちはありません。その主な理由は、私がポルトガル語を専攻していないことと、外国人向けのポルトガル語教授法を勉強したことがないことです。私は弁護士であり、あらゆる弁護士がそうであるように、言葉が仕事の道具です。文法が得意だった私は、それを利用して、生きたブラジルポルトガル語を紹介し、自分たちの疑問を解いてくれる本を求めている学生達の要求に応えようとしたに過ぎません（ネーティブとして、日本で出版されているポルトガル語のテキストが、多かれ少なかれ、不自然な表現を用いていることが、私はずっと気になっていました）。

従って、本書は他の書物より優れているわけではありません。ただ、次の点が違います。それは、入門書であるにもかかわらず、成人した学習者が要求する文法的な説明を徹底的に提供するように心掛けたことです。なぜなら直感的に言葉を覚える子供と成人とは異なるからです。その意味で、入門的であるけど表面的ではありません。しかも学習者が、習ったことを応用できるように、練習問題を豊富に取り入れました。本書を使えば、学習者は特定の場面にしか使えない丸暗記した表現から解放され、ポルトガル語のメカニズムそのものが理解でき、いかなる状況においても応用することができるようになると思います。本書は、独学用にも利用できますが、主として、日本市場で欠けていた、大学の第二外国語の教材として利用できるように企画されており、１学年 90 分の授業 30 回でカバーできる内容で構成されています。このことは、同学社の意向とも一致しており、ここで、本書の出版を実現するためにご尽力いただいた編集部の蔀純氏に感謝の意を表したいと思います。

また、有意義なコメントのみならず、他で見られぬ献身で、詳細なところまで日本語をチェックしてくださった三澤明子さんにも感謝したいと思います。さらに、日本での 10 年以上の滞在により少し錆びていた私のポルトガル語を磨き、校正してくれた姉の兼安ジュリア久美にも感謝いたします。

もう一人お礼を申し上げなくてはならないのは、本書のイラストをとても器用に手掛け、ポルトガル語の学習を楽しいものにしてくれたチャーリーです。

このほかに、ここでは紙面の関係でお名前を列挙できない多くの方々の励ましとお力添えを得て、本書はできあがりました。これらの方々のご協力にも、心よりお礼を申し上げます。

なお、最後に、本書の執筆のために私たちの日々の生活の貴重な時間を譲ってくれた息子景心に感謝したいと思います。大いなる慈愛をもって、本書をそのキャラクターの一人である彼に捧げます。

2005 年の秋

Kaneyasu.

兼安シルビア典子

Prefácio

Este livro é fruto da compilação de materiais que preparei ao longo de 9 anos lecionando português em universidades japonesas. De início objetivava apenas complementar explicações que considerava indispensáveis para o aprendizado da língua portuguesa e que, infelizmente, eram insuficientes ou simplesmente não constavam nos livros didáticos publicados até então no Japão. À medida que tais materiais iam ocupando parcela cada vez maior das aulas, a ponto de o livro oficialmente adotado tornar-se praticamente descartável, resolvi utilizá-los integralmente nas minhas aulas e, para tanto, reorganizei todo o material numa sequência, a meu ver, mais lógica do que a que se via no mercado, sempre dando ênfase aos tópicos com relação aos quais os meus alunos demonstravam maior dificuldade de assimilação. Este livro é, assim, o resultado de um trabalho conjunto entre mim e os meus alunos, que, com suas dúvidas e questionamentos, me forneceram a base para a sua elaboração. A todos os alunos que passaram por mim em quase uma década eu devo os meus sinceros agradecimentos e é a eles que, em primeiro lugar, dedico este livro.

Contudo, não tenho a pretensão de que este livro seja melhor do que os outros, uma vez que não tenho formação acadêmica em ensino de português para estrangeiros. Sou advogada e, como todo advogado, a palavra é meu instrumento de trabalho. Fiz-me valer da afinidade que sempre tive por gramática para elaborar este livro em resposta à necessidade que senti nos meus alunos de algo que lhes esclarecesse suas dúvidas e ao mesmo tempo lhes apresentasse o português do Brasil no seu uso corrente – como falante nativa sempre questionei, em maior ou menor grau, os textos contidos nos livros de português publicados no Japão.

Este livro não é, portanto, melhor que os outros. Apenas diferente. Apesar de se tratar de um livro voltado para principiantes, procurei não me furtar de explicações gramaticais que o aprendiz adulto comumente requer, diferentemente da criança que assimila de forma intuitiva. Assim, é básico mas não é superficial. E é reforçado com vários exercícios de fixação por meio dos quais o aluno poderá pôr em prática tudo o que aprendeu. Com este livro eu acredito que o aluno conseguirá captar o mecanismo do idioma português e aplicá-lo seja em que circunstância for, ficando livre de lugares-comuns e frases prontas que só se aplicam a situações determinadas. Apesar de poder ser usado por autodidatas, este livro foi elaborado para cobrir uma carência que o mercado japonês tem por livros para o aprendizado da língua portuguesa, cujo conteúdo possa ser dado em um ano letivo universitário, composto de 30 aulas de 90 minutos cada. Aliás, esse fator coincidiu com os interesses do editor, Sr. Jun Shitomi, a quem gostaria de aproveitar a oportunidade para expressar minha gratidão por ter tornado possível a publicação deste livro.

Gostaria também de agradecer à Sra. Akiko Misawa, que não só fez comentários valiosos como, também, com uma dedicação ímpar, revisou os textos em japonês sem deixar passar nenhum detalhe. Pela revisão de português agradeço à minha irmã Julia Kumi Kaneyasu, que tratou de polir o meu português um pouco enferrujado por mais de 10 anos de Japão.

Os meus agradecimentos também a Charlie que, com muita mestria, fez todos os desenhos que ilustram este livro, dando um toque de alegria ao aprendizado de português.

Este livro contou também com a colaboração e encorajamento de inúmeras outras pessoas cujos nomes não seria possível listar aqui por absoluta falta de espaço e risco de pecar por omissão involuntária. A todos, os meus sinceros agradecimentos.

Para finalizar, gostaria de agradecer ao meu filho Keishin por ter-me cedido preciosos momentos de nosso dia-a-dia para a preparação deste livro. Dedico-lhe, assim, com especial afeto e carinho, este livro que o traz como personagem ilustrativo das lições nele contidas.

Outono de 2005

Kaneyasu.

Sílvia Noriko Kaneyasu

新訂版まえがき

本書は、ブラジルで 2009 年からその効力を発し、2016 年から義務づけられた 1990 年のポルトガル語新正書法に従ってその綴りと内容を改訂した改訂版です。

ポルトガル語の綴字法を簡略化し、標準化することを目的とした新正書法制定の協定は、ポルトガル語圏諸国共同体（CPLP）を構成するアンゴラ、ブラジル、カーボベルデ、ギニアビサウ、モザンビーク、ポルトガル及びサントメ・プリンシペ間で締結されました。

各国において、締結された協定を批准し、従来の規定とこの改革で新たに導入された規定の双方が有効と見なされる過渡期間を定め、それが満期になると新しいルールが強制的なものとなることになっていました。ポルトガルにおいては、正書法改革は 2008 年に批准され、強制力をもたずに 2009 年 5 月から施行され、2013 年 1 月 1 日から義務化されました。ブラジルでは、協定は 2008 年 9 月に批准され、新しいルールは、強制的ではありませんでしたが、2009 年 1 月 1 日から導入されるようになり、2016 年 1 月 1 日からその適用は義務となりました。アンゴラとモザンビークを除き、CPLP の残りの構成国は既に正書法改革の適用に導く文書を批准しています。教育省によると、同改革によって変更されたポルトガル語の語彙数の割合は、ブラジルでは 0.8%、ポルトガルでは 1.3%でした。

言葉の標準化に伴い、CPLP の意図は、加盟国間の文化的・科学的交流を促進し、ポルトガル語による言語と文学の普及を拡大することで国際的なシナリオにおけるポルトガル語の社会的威信を高めることです。

しかしながら、ポルトガル語のネーティブスピーカーとして、新正書法による簡略化は、トレーマの完全廃止やいくつかのアクセント記号の付け方の変更等により、文法ルールの論理的な理解を犠牲にし、学習者に「丸暗記」を強いる結果となり、特に第二外国語としてポルトガル語を学習する者にとって多くの困難をもたらしたと思います。

新正書法に従った本書の内容と綴りの改訂に加え、導入された新しいルールはポルトガル語のネーティブスピーカーの間でも多くの疑問をもたらすことを考慮し、主な変更を記載した手引き書を作り、今後本書の別冊として提供することにしました。今後クイックリファレンスの手引き書としてお役に立てれば、幸いです。

2018 年 10月

Kaneyasu.

兼安シルビア典子

Prefácio da Edição Revisada

Este livro foi revisado, tendo sido a grafia e o conteúdo atualizados segundo o Novo Acordo Ortográfico da Língua Portuguesa de 1990, que entrou em vigor no Brasil em 2009 e passou a ser obrigatório a partir de 2016.

O acordo que visa simplificar e padronizar a ortografia da língua portuguesa foi assinado entre Angola, Brasil, Cabo Verde, Guiné-Bissau, Moçambique, Portugal e São Tomé e Príncipe, países da Comunidade de Países de Língua Portuguesa (CPLP).

Cada país ratificou o documento assinado e definiu um período de transição em que tanto as normas anteriormente em vigor como as introduzidas por esta nova reforma seriam válidas, findo o qual se revestiriam do caráter da obrigatoriedade. Em Portugal, a reforma foi ratificada e promulgada em 2008 e as novas regras, implementadas sem obrigatoriedade desde maio de 2009, passaram a ser obrigatórias a partir de 1º de janeiro de 2013. No Brasil, o acordo foi ratificado em setembro de 2008 e as novas regras entraram em uso, em caráter não obrigatório, desde 1º de janeiro de 2009, tornando-se obrigatórias a partir de 1º de janeiro de 2016. Com exceção de Angola e de Moçambique, todos os demais países da CPLP já ratificaram os documentos conducentes à aplicação desta reforma que, de acordo com o Ministério da Educação, alterou 0,8% dos vocábulos da língua portuguesa no Brasil e 1,3% em Portugal.

Com a padronização da língua, a CLPL pretende facilitar o intercâmbio cultural e científico entre os países e ampliar a divulgação do idioma e da literatura em língua portuguesa, aumentando o seu prestígio social no cenário internacional.

Contudo, como falante nativa da língua portuguesa, acredito que a simplificação trazida pelo Novo Acordo acabou por dificultar principalmente a vida dos que aprendem a língua como segundo idioma, vez que, entre outras alterações, foi eliminado totalmente o trema e alteradas algumas regras de acentuação, obrigando o aprendiz a recorrer à "decoreba" em detrimento da compreensão lógica das regras gramaticais.

Além da revisão da grafia e conteúdo deste livro segundo o Novo Acordo, considerando que as novas regras introduzidas ainda são fonte de muitas dúvidas mesmo entre os falantes nativos da língua, elaborei uma cartilha com as principais mudanças, a qual será disponibilizada como encarte suplementar deste livro a partir desta edição, esperando que sirva como um referencial para consulta rápida.

Outubro de 2018

Kaneyasu.

Sílvia Noriko Kaneyasu

ÍNDICE
目次

BANDEIRA DO BRASIL
ブラジルの国旗

ブラジルの国旗：

ブラジルの国旗は、Raimundo Teixeira Mendes と Miguel Lemos によって企画され、連邦制が宣言された四日後の 1889 年 11 月 19 日に制定された（※）。フランス人画家の Jean-Baptiste Debret がデザインした帝国の国旗からインスピレーションを受けた Décio Vilares がブラジル連邦共和国の国旗として、帝国時代の王冠の代わりに青い円形に白い帯のデザインとし、そこにフランス人実証主義者 Augusto Comte の考えをアレンジして「秩序と発展」という標語を設けた。

帝国時代の国旗

（※）連邦制が宣言されてから現在の国旗が制定されるまでの四日間は、アメリカ合衆国の影響を受けた 13 本の線と 21 の星からなる国旗が暫定的に採用された。

暫定国旗

ブラジルの国旗に用いられている４色は、それぞれ次の意味をもつ：緑はブラジルの森林を表し、黄色は金、すなわち国の富を表しており、白は平和を意味している。なお、青は、連邦制が宣言された 1889 年 11 月 15 日午前 8 時 30 分現在にリオデジャネイロの空で見られた南十字星を表している。

当初、ブラジルの国旗は当時の各州を表す 21 個の星で構成されていたが、州の数が増えるにつれて星の数も増え、現在は連邦区及び 26 の州を表す計 27 個の星がある。

ORDEM E PROGRESSO

ORDEM E PROGRESSO

ORDEM E PROGRESSO

ORDEM E PROGRESSO

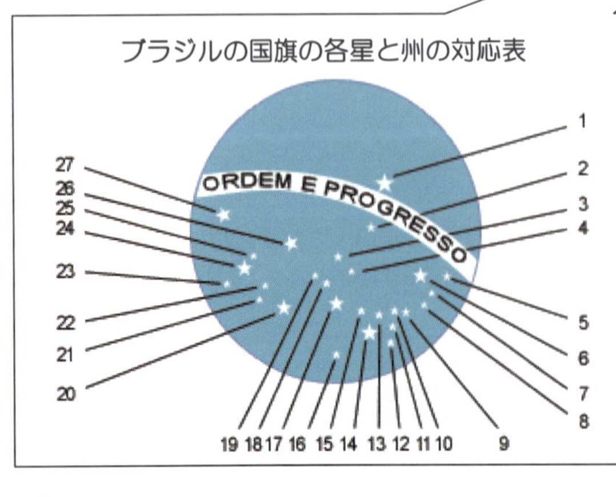

1 Pará
2 Acre
3 Bahia
4 Rio de Janeiro
5 Maranhão
6 Piauí
7 Ceará
8 Rio Grande do Norte
9 Paraíba
10 Pernambuco
11 Alagoas
12 Sergipe
13 Santa Catarina
14 Rio Grande do Sul
15 Paraná
16 Brasília (DF)
17 São Paulo
18 Espírito Santo
19 Minas Gerais
20 Goiás
21 Tocantins
22 Roraima
23 Amapá
24 Mato Grosso
25 Rondônia
26 Mato Grosso do Sul
27 Amazonas

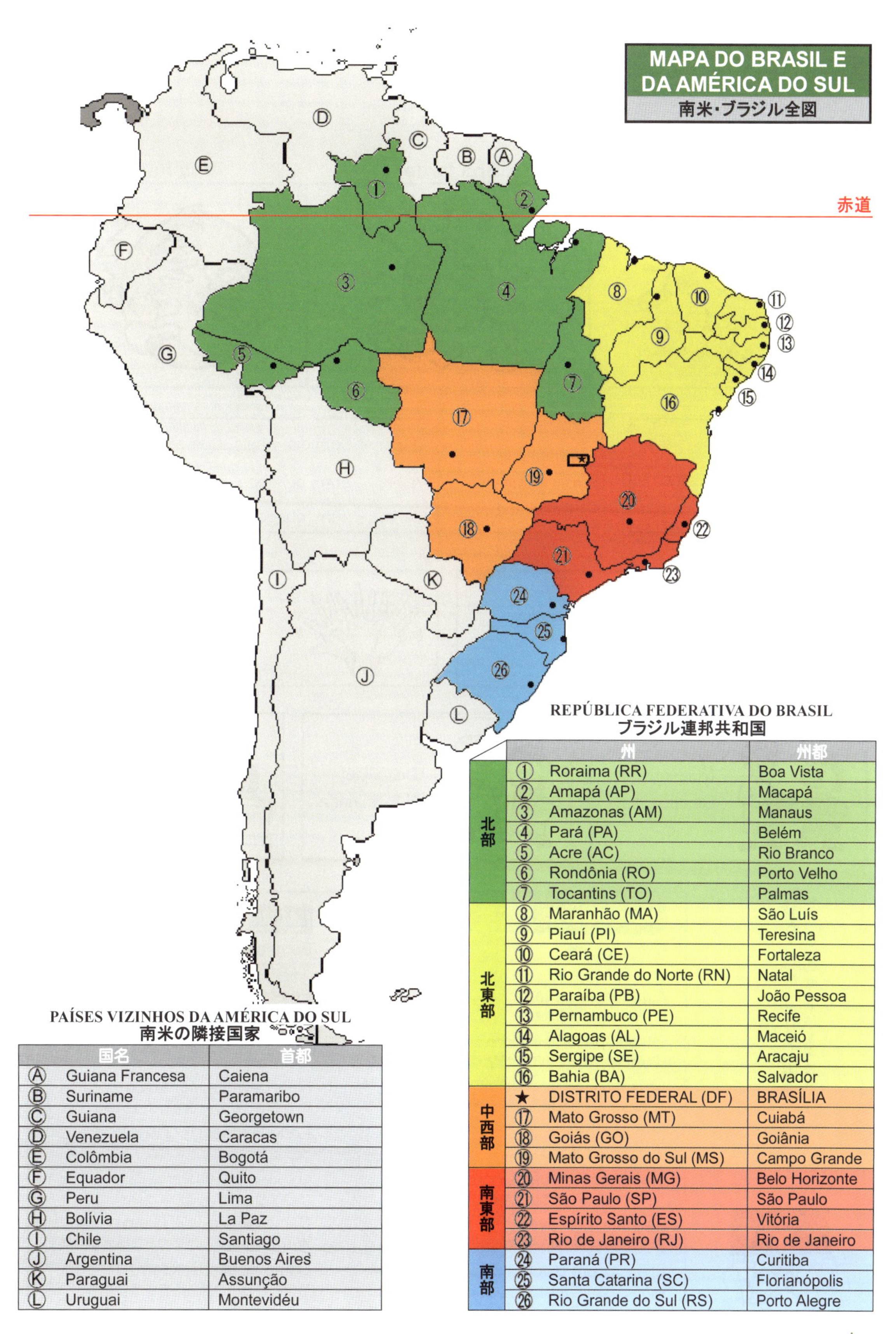

REPÚBLICA FEDERATIVA DO BRASIL
ブラジル連邦共和国

	州	州都
北部	① Roraima (RR)	Boa Vista
	② Amapá (AP)	Macapá
	③ Amazonas (AM)	Manaus
	④ Pará (PA)	Belém
	⑤ Acre (AC)	Rio Branco
	⑥ Rondônia (RO)	Porto Velho
	⑦ Tocantins (TO)	Palmas
北東部	⑧ Maranhão (MA)	São Luís
	⑨ Piauí (PI)	Teresina
	⑩ Ceará (CE)	Fortaleza
	⑪ Rio Grande do Norte (RN)	Natal
	⑫ Paraíba (PB)	João Pessoa
	⑬ Pernambuco (PE)	Recife
	⑭ Alagoas (AL)	Maceió
	⑮ Sergipe (SE)	Aracaju
	⑯ Bahia (BA)	Salvador
中西部	★ DISTRITO FEDERAL (DF)	BRASÍLIA
	⑰ Mato Grosso (MT)	Cuiabá
	⑱ Goiás (GO)	Goiânia
	⑲ Mato Grosso do Sul (MS)	Campo Grande
南東部	⑳ Minas Gerais (MG)	Belo Horizonte
	㉑ São Paulo (SP)	São Paulo
	㉒ Espírito Santo (ES)	Vitória
	㉓ Rio de Janeiro (RJ)	Rio de Janeiro
南部	㉔ Paraná (PR)	Curitiba
	㉕ Santa Catarina (SC)	Florianópolis
	㉖ Rio Grande do Sul (RS)	Porto Alegre

PAÍSES VIZINHOS DA AMÉRICA DO SUL
南米の隣接国家

国名	首都
Ⓐ Guiana Francesa	Caiena
Ⓑ Suriname	Paramaribo
Ⓒ Guiana	Georgetown
Ⓓ Venezuela	Caracas
Ⓔ Colômbia	Bogotá
Ⓕ Equador	Quito
Ⓖ Peru	Lima
Ⓗ Bolívia	La Paz
Ⓘ Chile	Santiago
Ⓙ Argentina	Buenos Aires
Ⓚ Paraguai	Assunção
Ⓛ Uruguai	Montevidéu

CUMPRIMENTOS
挨拶

Bom dia!	Boa tarde!	Boa noite!

José: – Oi, Ana. Tudo bem?
Ana: – Tudo bem. E você?
José: – Tudo bem.

\+
(tudo) bem
mais ou menos
(tudo) mal
–

Maria: – Bom dia, Paulo. Como vai { você? / o senhor?
Paulo: – Bem, obrigado. E { você? / a senhora?
Maria: – Bem, obrigada.

– Como é o seu nome?
– O meu nome é Cláudia.
– Muito prazer.
– O prazer é meu.

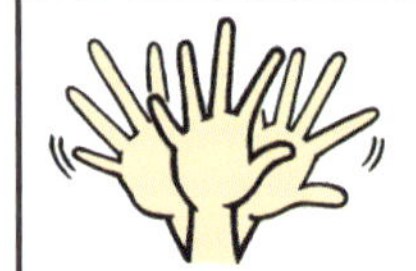

Tchau!
Até logo!
Até amanhã!
Até a semana que vem!
Até a próxima aula!

– Muito obrigado!
– De nada.

– Desculpe!
– Não foi nada.

– Com licença!
– Pois não?

PROFESSOR

Entenderam?
分かりましたか？

Alguma pergunta?
何か質問がありますか？

Posso apagar o quadro?
黒板を消してもいいですか？

Abram o livro na página [10].
本の○○ページを開けてください。

Façam o exercício [2] agora / em casa.
○○の練習問題を今／家でやってください。

Trabalhem em pares / grupos.
ペアー／グループで仕事をしてください。

Repitam, por favor.
繰り返してください。

Silêncio, por favor!
静かにしてください。

ALUNO

Eu não entendi.
私は分かりませんでした。

Eu tenho uma pergunta.
私は質問があります。

Mais alto, por favor.
もっと大きな声でお願いします。

Mais devagar, por favor.
もっとゆっくりお願いします。

Poderia repetir, por favor?
繰り返していただけますか？

O que significa [carro] ?
○○はどういう意味ですか？

Como se fala [くるま] em português?
ポルトガル語で○○は何と言いますか？

Como se escreve [carro] ?
○○はどういうふうに書きますか？

LIÇÃO 1
第 1 課

O ALFABETO E A PRONÚNCIA EM PORTUGUÊS
【 ポルトガル語の文字と発音 】

1. ALFABETO
アルファベット

2009 年の正書法改革に伴い、**K・W・Y** が加わり、ポルトガル語のアルファベットは 26 文字となった。

A a	B b	C c	D d	E e	F f	G g	H h	I i	J j	K k	L l	M m
'a	'be	'se	'de	'ɛ	'ɛfi	'ʒe	a'g	'i	'ʒɔta	'ka	'ɛli	'emi
アー	ベー	セー	デー	エー	エッフィ	ジェー	アガー	イー	ジョッタ	カー	エッリ	エッミ

N n	O o	P p	Q q	R r	S s	T t	U u	V v	W w	X x	Y y	Z z
'eni	'ɔ	'pe	'ke	'ɛRi	'ɛsi	'te	'u	've	'dabliu	'ʃis	'ipsilõ	'ze
エッニ	オー	ペー	ケー	エッヒ	エッスィ	テー	ウー	ヴェー	ダブリュー	シース	イップスイロン	ゼー

※ 発音記号の中にある「'」は、アクセントがその次の音にあることを示す。

※ ポルトガル語では、大文字は、文の始まり、固有名詞及びある種の宗教的な行事や神様を指す代名詞の頭文字にのみ用いられ、英語と異なり、月名・曜日・言語名・国籍を表す名詞・形容詞等の頭文字は小文字を用いる。

2. ACENTUAÇÃO GRÁFICA
綴り字記号

ポルトガル語では、次のような綴り字記号が用いられる。

記号	
` **acento grave**（アセント・グラーヴィ：重音符） この記号は、母音 "a" の上に添えられるが、発音には影響を与えず、前置詞 a が定冠詞 a(s) もしくは指示詞 aquele(s), aquela(s), aquilo(s) と結合したことの文法的な機能を表す記号である。	à
´ **acento agudo**（アセント・アグード：鋭音符） この記号は、母音 "a", "e", "i", "o", "u" の上に添え、それらの母音にアクセントがあることを示すと同時に、"a", "e", "o" にこの記号が添えられているときは、それぞれ [a] [ɛ] [ɔ] の開口音であることを示す。	á é í ó ú
^ **acento circunflexo**（アセント・スィルクンフレックソ：閉音符） この記号は、母音 "a", "e", "o" の上に添え、それらの母音にアクセントがあることを示すと同時に、それぞれ [ɐ] [e] [o] の閉口音であることを示す。	â ê ô
~ **til**（チウ：鼻音符） この記号は、母音 "a", "o" の上に添え、それらの母音にアクセントがあることを示すと同時に、それぞれ [ɐ̃] [õ] の鼻母音であることを示す。 ※ 同一語に ´と ~がある場合は、アクセントは ´のある音節にある。	ã õ
¸ **cedilha**（セディーリャ：S 音符） この記号は、子音 "c" の下に添え、次に母音 "a", "o", "u" を伴って "ça", "ço", "çu" のように現れ、それぞれ [sa] [so] [su] の音であることを示す。	ç

※ 2009 年の正書法改革に伴い、"gu"/"qu" の組み合わせの場合、通常発音されることのない母音 "u" の上に添え、それが発音され、それぞれ [gw] [kw] の音になることを示していた TREMA（トレーマ：ü）は廃止された。

3. TONICIDADE アクセント

ポルトガル語のアクセントは、英語、スペイン語、イタリア語などと同様に、強勢アクセントである。

アクセントの位置は、以下の3通りであり、大半の語は②に当たる。

	Palavras Monossílabas 1音節の語	Palavras Dissílabas 2音節の語	Palavras Trissílabas 3音節の語	Palavras Polissílabas 4音節以上の語
① Palavras Oxítonas 最後の音節にアクセントのある語	■ **<u>pé</u>**（足） **<u>mão</u>**（手）	□■ ca-**<u>fé</u>**（コーヒー） jor-**<u>nal</u>**（新聞）	□□■ a-ni-**<u>mal</u>**（動物） ja-po-**<u>nês</u>**（日本人）	□□□■ a-ba-ca-**<u>xi</u>**（パイナップル） com-pu-ta-**<u>dor</u>**（コンピュータ）
② Palavras Paroxítonas 最後から2番目の音節にアクセントのある語		■□ **<u>me</u>**-sa（テーブル） **<u>li</u>**-vro（本）	□■□ a-**<u>mi</u>**-go（友人） me-**<u>ni</u>**-no（男の子）	□□■□ bra-si-**<u>lei</u>**-ro（ブラジル人） a-me-ri-**<u>ca</u>**-no（アメリカ人）
③ Palavras Proparoxítonas 最後から3番目の音節にアクセントのある語			■□□ **<u>mé</u>**-di-co（医者） **<u>lâm</u>**-pa-da（電球）	□■□□ e-co-**<u>nô</u>**-mi-co（経済的） fi-**<u>ló</u>**-so-fo（哲学者）

音節（SÍLABA）とは、ひと息で発音される発音の最小単位である。
ポルトガル語の音節の基本的な構造は「子音＋母音」であるが、母音が単独で音節を作ったり、二重母音や三重母音、また ch や lh のような二重字＋母音で構成されたりする音節もある。

音節の区切方　基本構造「子音＋母音」に従って区切るのが原則であるが、それ以外の場合は次のルールに従って音節を区切る。

① 区切ってはいけないもの
- 二重母音・三重母音 au-ro-ra, á-gua, i-guais
- **ch, lh, nh, gu, qu** の二重字 cha-ve, quen-te
- 「子音＋l」または「子音＋r」 a-tle-ta, cra-vo

② 区切るべきもの
- 二重母音でない連続母音（母音接続） sa-ú-de, fri-o
- **rr, ss, sc, sç, xc** の二重字 car-ro, ex-ce-ção
- ①で挙げたもの以外の連続子音 ad-mi-rar

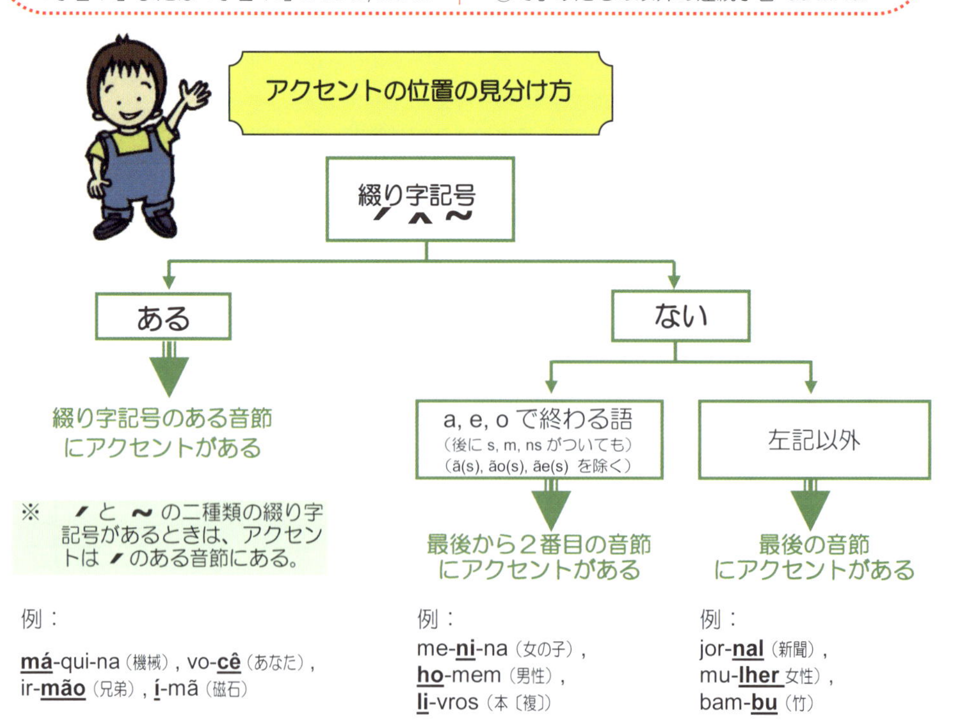

例：
<u>má</u>-qui-na（機械）, vo-**<u>cê</u>**（あなた）, ir-**<u>mão</u>**（兄弟）, **<u>í</u>**-mã（磁石）

例：
me-**<u>ni</u>**-na（女の子）, **<u>ho</u>**-mem（男性）, **<u>li</u>**-vros（本〔複〕）

例：
jor-**<u>nal</u>**（新聞）, mu-**<u>lher</u>**（女性）, bam-**<u>bu</u>**（竹）

新訂版

ブラジル人による生きたブラジルポルトガル語（初級）
ー基礎をとことん学びたい人のためにー
（新正書法対応）

兼安シルビア典子

練習問題の解答

注1：スラッシュ（／）で区切られている解答は、下線の部分のどちらかでもよいことを意味する。
注2：イタリックの部分は一例であり、かっこ内の日本語による説明に従って他の答えも可能である。
注3：かっこ内は省略可能の部分を意味する。

練習問題なし。

LIÇÃO 02

Parte 1

1. 1.1. Eu sou do Japão. Eu sou japonês / japonesa. 1.2. Eu e Sônia somos do Brasil. Nós somos brasileiros / brasileiras. 1.3. Paula é da Inglaterra. Ela é inglesa. 1.4. Jack é dos Estados Unidos. Ele é americano. 1.5. Elas são da França. Elas são francesas.
2. 2.1. Sim, ele é brasileiro. Não, ele não é brasileiro. 2.2. Sim, eu sou alemã. Não, eu não sou alemã. 2.3. Sim, ela é da Espanha. Não, ela não é da Espanha. 2.4. Sim, nós somos franceses. Não, nós não somos franceses. 2.5. Sim, eles são do Japão. Não, eles não são do Japão.
3. ① é ② sou ③ é ④ são ⑤ é ⑥ Eu sou ⑦ Eles são ⑧ somos
   3.1. Ele é alemão. 3.2. Não, ela não é brasileira. Ela é espanhola. 3.3. Eles são do Brasil.

Parte 2

1. ① é médica ② é bombeiro ③ são cozinheiras ④ somos carteiros ⑤ sou dentista
2. 2.1. Não, ela não é vendedora. Ela é dona de casa. 2.2. Não, eu não sou bancário. Eu sou funcionário público. 2.3. Não, ele não é casado. Ele é solteiro. 2.4. Não, elas não são arquitetas. Elas são engenheiras. 2.5. Não, nós não somos advogados. Nós somos bancários. 2.6. Não, nós não somos viúvas. Nós somos divorciadas. 2.7. Não, eu não sou médico. Eu sou enfermeiro.
3. 3.1. Qual é a sua profissão? 3.2. Eles são *médicos*? (弁護士以外の職業〔男複〕なら何でもよい) 3.3. Maria é solteira? 3.4. Ele é *funcionário da Sony* / *médico*? (三菱以外の従業員またはその他の職業〔男単〕なら何でもよい) 3.5. Você / O senhor é casado? 3.6. Vocês / As senhoras são enfermeiras? 3.7. Vocês / Os senhores são *médicos*? (教師以外の職業〔男複〕なら何でもよい)
4. 4.1. Gino Lombardi é italiano. Ele é de Milão. Ele é advogado. Ele é casado. 4.2. Takeo Suzuki é japonês. Ele é de Nagoia. Ele é engenheiro. Ele é divorciado. 4.3. Ann Smith é inglesa. Ela é de Londres. Ela é médica. Ela é separada. 4.4. Maria da Conceição é brasileira. Ela é do Rio de Janeiro. Ela é dona de casa. Ela é viúva. 4.5. Mary Lynn é americana. Ela é da Flórida. Ela é bancária. Ela é solteira. 4.6. O meu nome é (あなたの氏名). Eu sou (あなたの国籍：～人). Eu sou de (あなたの出身地). Eu sou (あなたの職業). Eu sou (あなたの未婚・既婚の別).

Parte 1

1. 1.1. Isto aqui é uma caneta. 1.2. Aquilo ali são frutas brasileiras. 1.3. Isso aí é uma loja de brinquedos. 1.4. Isto aqui são cartas. 1.5. Aquilo lá é um presente.
2. 2.1. Este carro é alemão / brasileiro / italiano / japonês / americano / suíço / inglês / francês.
   2.2. Estas bolsas são alemãs / brasileiras / italianas / japonesas / americanas / suíças / inglesas / francesas.
   2.3. Esta bicicleta é alemã / brasileira / italiana / japonesa / americana / suíça / inglesa / francesa.
   2.4. Estes telefones são alemães / brasileiros / italianos / japoneses / americanos / suíços / ingleses / franceses.
   2.5. Essa cadeira é alemã / brasileira / italiana / japonesa / americana / suíça / inglesa / francesa.
   2.6. Esse sofá é alemão / brasileiro / italiano / japonês / americano / suíço / inglês / francês.
   2.7. Esses carros são alemães / brasileiros / italianos / japoneses / americanos / suíços / ingleses / franceses.
   2.8. Essas canetas são alemãs / brasileiras / italianas / japonesas / americanas / suíças / inglesas / francesas.
   2.9. Aquele relógio é alemão / brasileiro / italiano / japonês / americano / suíço / inglês / francês.
   2.10. Aqueles livros são alemães / brasileiros / italianos / japoneses / americanos / suíços / ingleses / franceses.
   2.11. Aquela caneta é alemã / brasileira / italiana / japonesa / americana / suíça / inglesa / francesa.
   2.12. Aquelas bicicletas são alemãs / brasileiras / italianas / japonesas / americanas / suíças / inglesas / francesas.

Parte 2

1. 1.1. as nossas casas 1.2. os seus livros 1.3. a minha caneta 1.4. as casas dele 1.5. o telefone dele 1.6. os cadernos de Hiroko 1.7. os meus primos 1.8. as amigas deles
2. 2.1. Ela é a mãe de Paulo. 2.2. Ele é o marido de Suzana. 2.3. Ele é o irmão mais novo de Simone. 2.4. Ele é o cunhado de Carlos.
3. 3.1. a mãe dele - as canetas da mãe dele 3.2. o pai dela - a casa do pai dela 3.3. o seu professor - os livros do seu professor 3.4. o irmão mais novo deles - o carro do irmão mais novo deles 3.5. a amiga de vocês - a casa da amiga de vocês 3.6. o filho de Takeshi - o nome do filho de Takeshi 3.7. a minha irmã mais nova - o telefone da minha irmã mais nova 3.8. a nossa professora - a caneta da nossa professora 3.9. os meus amigos - os pais dos meus amigos 3.10. o seu irmão mais velho - o caderno do seu irmão mais velho
4. 4.1. é a minha sogra 4.2. são os meus cunhados 4.3. são as minhas sobrinhas 4.4. são os meus avós 4.5.é a minha nora 4.6. são os meus primos

Parte 3

1. 1.1. ① Isto aqui é uma casa. ② Esta casa é da mãe dele. 1.2. ① Isto aqui é um carro. ② Este carro é seu. 1.3. ① Isso aí são livros. ② Esses livros são do seu amigo. 1.4. ① Isso aí é uma bicicleta. ② Essa bicicleta é do namorado dela. 1.5. ① Aquilo ali são canetas. ② Aquelas canetas são da minha mãe. 1.6. ① Aquilo ali é um guarda-chuva. ② Aquele guarda-chuva é da nossa professora.
2. 2.1. livro - meu 2.2. carros - alemães 2.3. estas - canetas - minha - mãe 2.4. tias - japonesas

3. 3.1. Como é o nome da sua mãe? 3.2. Qual é a nacionalidade da professora de vocês? 3.3. Qual é a profissão do pai dela? 3.4. De onde os pais dele são? 3.5. A irmã mais velha deles é solteira?
4. ① Este é o meu amigo. O nome dele é Carlos. O apartamento dele é bonito. O carro dele é grande. A namorada dele é estudante. ② Esta é a minha professora. O nome dela é Célia. O apartamento dela é pequeno. A mãe dela é empregada doméstica. Os filhos dela são pequenos. ③ Estas são as minhas primas. O nome delas é Ana e Márcia. A casa delas é pequena. Os pais delas são professores. O namorado delas é bonito.

LIÇÃO 04

1. 1.1. uma casa 1.2. dois cadernos 1.3. quatro livros 1.4. três lápis 1.5. cinco limões 1.6. duas canetas
2. ① quarenta e seis ② cem ③ quinhentos e trinta e sete ④ mil e setenta e cinco ⑤ quarenta e nove mil e setecentos
3. 3.1. Aqueles homens são amigos do meu pai. 3.2. Os meus irmãos mais velhos são professores de inglês. 3.3. Os professores de português da minha irmã são portugueses. 3.4. Esses livros são da minha universidade. 3.5. Os meus anéis são japoneses.
4. 4.1. O número do meu telefone é (あなたの電話番号). 4.2. Hoje é dia (日) de (月) de (年). 4.3. O meu aniversário é no dia (日) de (月). 4.4. O aniversário da minha mãe é no dia (日) de (月). 4.5. O Dia das Crianças no Japão é no dia 5 de maio.

LIÇÃO 05

1. 1.1. Vocês são ricos mas elas são pobres. 1.2. Eu sou <u>alto</u> / <u>alta</u> mas os meus pais são baixos. 1.3. Este carro é caro mas aquele (carro) é barato. 1.4. A casa dele é pequena mas a sua (casa) é grande. 1.5. Você é <u>jovem</u> / <u>novo</u> mas nós somos velhos.
2. 2.1. Ela é uma brasileira alta. 2.2. As minhas canetas japonesas são novas. 2.3. Aquele menino é alto e bonito. 2.4. Essa bolsa italiana é grande e pesada. 2.5. Os seus vestidos amarelos são velhos mas bonitos.
3. ① De que cor é o seu boné? → O meu boné é vermelho. O meu boné vermelho é novo. ② De que cor são as suas calças? → As minhas calças são cinza. As minhas calças cinza são novas. ③ De que cor é a sua camiseta? → A minha camiseta é amarela. A minha camiseta amarela é nova. ④ De que cor são os seus sapatos? → Os meus sapatos são azuis. Os meus sapatos azuis são novos.
4. 例① *A minha casa é pequena e velha mas é bonita. O meu quarto é grande e claro. A cortina do meu quarto é azul e os meus móveis são brancos. A minha cama é italiana. Ela é macia.* 例② *Os meus pais são japoneses. O meu pai é um advogado experiente. Ele é alto e forte. As mãos dele são grandes. A minha mãe é uma boa dona de casa. Ela é bonita e carinhosa. O cabelo dela é comprido e cheiroso.* 例③ *O meu cachorro é branco e pequeno. Ele é inteligente e esperto. O pelo dele é comprido mas o rabo dele é curto.*

LIÇÃO 06

Parte 1

1. moro, mora, moramos, moram – bebo, bebe, bebemos, bebem – abro, abre, abrimos, abrem – estudo, estuda, estudamos, estudam – como, come, comemos, comem – divido, divide, dividimos, dividem – trabalho, trabalha, trabalhamos, trabalham – escrevo, escreve, escrevemos, escrevem – assisto, assiste, assistimos, assistem – falo, fala, falamos, falam – recebo, recebe, recebemos, recebem – parto, parte, partimos, partem

2. 2.1. trabalha 2.2. estudam 2.3. partem 2.4. come 2.5. abro 2.6. falamos 2.7. bebe 2.8. compra 2.9. divido 2.10. acordam

Parte 2

1. 1.1. em – no 1.2. no 1.3. para o / ao 1.4. com a 1.5. de 1.6. na 1.7. com / para / de 1.8. com o / para o – em 1.9. para a 1.10. em – de
2. ① Eu e Maria trabalhamos no Banco do Brasil todos os dias. 私とマリアは毎日ブラジル銀行で働いています。 ② A irmã dele mora com Maria / você. 彼の姉妹はマリア／あなたと住んでいます。 ③ Os meus pais viajam para o Brasil frequentemente / amanhã. 私の両親はしばしば／明日ブラジルに旅行します。 ④ Eu telefono para você / Maria amanhã / frequentemente. 私は明日／しばしばあなた／マリアに電話をかけます。
3. 3.1. A namorada de Takeshi fala português muito bem. 3.2. Onde o irmão mais novo delas estuda? 3.3. Maria não mora comigo. Ela mora com os pais dela. 3.4. O seu pai trabalha naquele prédio alto? 3.5. Normalmente nós nos deitamos no sofá e assistimos à televisão. 3.6. Eu telefono para o Brasil todas as semanas e sempre falo com os meus pais. 3.7. Onde você normalmente se encontra com o seu namorado? 3.8. Maria sempre abre esta janela mas frequentemente se esquece de fechar. 3.9. Nós estudamos português na universidade mas raramente estudamos em casa. 3.10. Os meus pais gostam de mim e sempre se preocupam comigo.
4. 4.1. Eu estudo na *Universidade de Brasília* (あなたの大学名) / em casa. 4.2. Eu moro em *Brasília* (あなたが住んでいる地名). 4.3. Eu moro sozinho / sozinha / com os meus pais. 4.4. Eu normalmente almoço *no restaurante da universidade* / *em casa* (あなたが普段昼食をとるところ). 4.5. Sim, ela trabalha na *Sony* (お母さんが働いている会社名または地名) / Não, ela não trabalha. 4.6. Sim, eu assisto à televisão todos os dias. / Não, eu não assisto à televisão todos os dias. 4.7. Eu compro *X* (あなたが毎月買う本の数) livros por mês. / Eu não compro livros todos os meses. 4.8. Depois desta aula eu preciso *assistir à outra aula* / *voltar para casa* (あなたがこの授業が終わってからやらなければならないこと). 4.9. Eu estudo português *de noite* / *todas as quintas-feiras* (あなたがポルトガル語を勉強するとき). 4.10. Sim, eu gosto (muito) de estudar português. / Não, eu não gosto (muito) de estudar português.

Parte 1

1. ① 午前：São quinze para a uma da manhã. / É meia-noite e quarenta e cinco. 午後：São quinze para a uma da tarde. / É meio-dia e quarenta e cinco. / São doze e quarenta e cinco. ② 午前：São duas e meia da manhã. / São duas e trinta da manhã. 午後：São duas e meia da tarde. / São duas e trinta da tarde. / São quatorze e trinta. ③ 午前：É meia-noite. / É zero hora. 午後：É meio-dia. / São doze horas. ④ 午前：São vinte e cinco para as onze da manhã. / São dez e trinta e cinco da manhã. 午後：São vinte e cinco para as onze da noite. / São dez e trinta e cinco da noite. / São vinte e duas e trinta e cinco. ⑤ 午前：É uma e vinte da manhã. 午後：É uma e vinte da tarde. / São treze e vinte. ⑥ 午前：É meia-noite e meia. 午後：É meio-dia e meia. / São doze e trinta.
2. 2.1. São dez para as quatro da tarde. 2.2. São oito e quarenta da manhã. 2.3. É uma da manhã. 2.4. É meio-dia e meia. / São doze e trinta. 2.5. É meia-noite em ponto. / É zero hora em ponto.

Parte 2

1. 1.1. da uma às duas e meia da tarde 1.2. às oito horas 1.3. às dez (horas) da manhã – às quatro (horas) da tarde 1.4. vinte e quatro horas 1.5. do meio-dia às duas da tarde

2. 2.1. A que horas eles sempre acordam? 2.2. A minha mãe trabalha no supermercado todos os dias das dez da manhã ao meio-dia. 2.3. Ela estuda português quinze minutos por dia. 2.4. Quantas horas você estuda português por semana? 2.5. O pai dela trabalha de domingo a domingo.
3. 3.1. A que horas você normalmente se deita? 3.2. A que horas o filme começa? 3.3. Quantas horas o seu filho trabalha por dia? 3.4. Que horas são? 3.5. Quanto tempo / Quantos minutos leva da sua casa até a universidade?
4. ① O jogo de futebol é das nove e quinze (da noite) às dez e quarenta e cinco da noite / das nove e quinze (da noite) às quinze para as onze da noite / das vinte e uma e quinze às vinte e duas e quarenta e cinco.
   ② O filme é das nove e quarenta e cinco da manhã ao meio-dia / das quinze para as dez da manhã ao meio-dia / das nove e quarenta e cinco da manhã às doze horas / das quinze para as dez da manhã às doze horas.
   ③ O noticiário é das sete às sete e meia / das sete às sete e trinta da manhã.
   ④ A peça é da uma à uma e cinquenta da tarde / da uma às dez para as duas da tarde / das treze às treze e cinquenta.
5. *Eu sempre acordo às sete horas e tomo café às sete e meia. Depois eu estudo português todos os dias das nove ao meio-dia e em seguida almoço na universidade com os meus amigos, mais ou menos ao meio-dia e meia. Eu chego em casa normalmente às seis e meia da tarde. Janto às oito e depois assisto à televisão das nove à meia-noite. Normalmente eu me deito à uma ou às duas da manhã.*

Parte 1
1. 1.1. Maria é bonita mas ultimamente (ela) está feia. 1.2. Nós somos ricos / ricas mas ultimamente (nós) estamos pobres. 1.3. Eu sou feliz mas ultimamente (eu) estou infeliz. 1.4. O meu pai é forte mas ultimamente (ele) está fraco. 1.5. Estas frutas são caras e ruins mas ultimamente (elas) estão baratas e gostosas.
2. 2.1. é 2.2. está 2.3. é 2.4. estão 2.5. está
3. 3.1. Este café está gelado e muito ruim! 3.2. Pedro, o seu cabelo não está comprido? 3.3. A minha mãe gosta de casa limpa mas ultimamente a nossa casa está muito suja. 3.4. Nós gostamos de morango mas ultimamente ele não está muito gostoso. 3.5. Eu preciso comprar dólares mas ultimamente o iene está barato e o dólar está caro.

Parte 2
1. 1.1. está com *febre* / *pneumonia* (医者に行かなければならない理由) 1.2. estamos com frio 1.3. estou com sede 1.4. está com *raiva* / *medo* (マリアが私と話さない理由) 1.5. estão com fome
2. 2.1. Eles estão com muita raiva de mim por isso eu estou com medo deles. / Eu estou com medo deles porque eles estão com muita raiva de mim. 2.2. Eu não estou bem. Eu estou com frio e com um pouco de dor de cabeça. 2.3. Os meus pais estão no Brasil. Eu estou com muitas saudades deles. 2.4. O namorado dela está com ciúme de você. 2.5. Você está com fome? A comida deste restaurante é muito gostosa.

Parte 3
1. 1.1. está em cima do carro 1.2. está dentro do carro 1.3. está em cima da flor 1.4. está embaixo do / debaixo do carro 1.5. é ao lado do banco 1.6. estão em frente da escola 1.7. estão em cima da mesa 1.8. está entre 1.9. está embaixo da / debaixo da mesa 1.10. está ao lado do menino / em frente do telefone 1.11. é perto do ponto de ônibus 1.12. está atrás do menino

2. 2.1. Eu estou em casa. A minha casa é perto da estação de Tóquio. 2.2. O Brasil é muito longe do Japão. 2.3. Os filhos de Maria estão atrás do seu carro. 2.4. O pai dele está ao meu lado e nós estamos ao lado da porta. 2.5. O nosso carro está entre o (carro) de Paulo e o (carro) de Maria / os carros de Paulo e de Maria.

Parte 4

1. 1.1. estudando 1.2. indo 1.3. falando 1.4. viajando 1.5. comendo 1.6. dormindo 1.7. lendo 1.8. abrindo 1.9. sendo 1.10. fazendo
2. ① estamos tomando banho ② está dormindo ③ está lendo um livro ④ estão assistindo à televisão ⑤ estão se casando ⑥ estou fazendo compras ⑦ está lavando o rosto ⑧ está chovendo
3. 3.1. Maria está estudando português com um professor brasileiro. 3.2. Nós estamos trabalhando naquele escritório novo. 3.3. Eu estou precisando muito de dinheiro. 3.4. Os meus pais estão viajando amanhã para o Brasil. 3.5. A minha irmã mais velha está morando no Recife. 3.6. Os filhos dela estão se formando hoje. 3.7. Eu estou assistindo à televisão no meu quarto. 3.8. Paula está gostando de Ronaldo. 3.9. Você está se preocupando demais com o seu filho.
4. 4.1. Eu estou *estudando português*. (あなたが今やっていること) 4.2. Ela está *trabalhando* agora. (お母さんが今やっていること) 4.3. Eu estou morando em *Nagoia*. (あなたが住んでいるところ) 4.4. Depois da aula eu estou *indo para casa*. (あなたが授業が終わってから行くところ) 4.5. Hoje está *fazendo sol* / *chovendo*. (今日の天気)

LIÇÃO 09

Parte 1

1. 1.1. Eu tenho *X* (あなたの年齢) anos. 1.2. O meu pai tem *X* (お父さんの年齢) anos. 1.3. Eu tenho *X* (あなたの兄弟の人数) irmãos / Eu não tenho irmãos. 1.4. Uma semana tem sete dias. 1.5. Um ano tem doze meses. 1.6. Na minha universidade tem *X* (あなたの大学にあるレストランの数) restaurantes.
2. 2.1. Não, ele não tem irmãos mas elas têm. 2.2. Sim, eu tenho dez minutos. 2.3. Sim, ele tem dois carros. 2.4. Não, ela não tem primos mas nós temos. 2.5. Não, nós não temos casa no Brasil mas os pais dela têm.
3. 3.1. Eu tenho 20 anos e o meu irmão mais velho tem 23 anos. 3.2. Tem três livrarias grandes na universidade da minha irmã mais velha. 3.3. O meu pai tem três carros alemães. 3.4. Você tem que estudar português. 3.5. Tem dois restaurantes brasileiros perto da minha casa.

Parte 2

1. 1.1. Eu quero um vinho tinto e uma batata frita. 1.2. Os pais dela querem duas caipirinhas e um hambúrguer. 1.3. Nós queremos um chope, uma água mineral sem gás e dois pastéis. 1.4. Elas querem dois cachorros-quentes e dois sucos de laranja. 1.5. A minha mãe quer um suco de maracujá e uma pizza.
2. 2.1. Elas estão juntando dinheiro porque querem viajar. / Elas querem viajar e por isso estão juntando dinheiro. 2.2. Os meus pais querem uma casa nova e grande. 2.3. Você quer morar comigo no Brasil? 2.4. Eu gosto de você mas não quero me casar com você. 2.5. Nós não queremos muito dinheiro.
3. 3.1. Depois da aula *eu quero voltar para casa*. 授業の後私は家に帰りたいです。 3.2. Neste fim de semana *eu quero ir ao cinema*. この週末私は映画館に行きたいです。3.3. Quando eu chegar em casa *eu quero dormir*. 家に着いたら私は寝たいです。 3.4. Nas próximas férias de verão *eu quero viajar para o Brasil*. 次の夏休みに私はブラジルへ旅行したいです。 3.5. Quando eu me formar *eu quero arrumar um bom emprego*. 私が卒業したら、いい仕事を見つけたいです。

Parte 3

1. 1.1. O que você está fazendo? 1.2. Quantos anos Maria faz hoje? / Quantos anos Maria tem? 1.3. Quando o seu filho faz aniversário? 1.4. O que a sua mãe faz? 1.5. O que você quer fazer depois da aula? 1.6. Vocês fazem o dever de casa de manhã / de tarde?
2. 2.1. O meu marido faz o jantar todas as noites. 2.2. Faz um ano que eu estudo português. 2.3. Nós temos que / precisamos fazer faxina todos os dias. 2.4. Maria ainda tem 18 anos mas amanhã ela faz 19 anos. 2.5. Para onde vocês querem ir no sábado?

LIÇÃO 10

1. 1.1. Maria vai para o / ao Brasil de avião. 1.2. Eles vêm para o trabalho de carona. 1.3. Nós vamos para Tóquio de trem bala. 1.4. Nós vimos para a universidade a pé.
2. vai vir – vou – vou – vou – vai – vai vir – vamos – vão – vamos – vêm – vou
3. 3.1. A que horas o seu pai vai vir para cá / aqui amanhã? 3.2. Eu sempre venho para a universidade de carro mas na semana que vem eu vou vir a pé. 3.3. No mês que vem eu vou para o / ao Brasil. Vamos para o / ao Brasil comigo? 3.4. No ano que vem nós vamos nos formar e vamos morar sozinhos / sozinhas. 3.5. Os meus pais visitam a minha irmã mais velha todos os anos mas este ano a minha irmã mais velha vai vir para cá / aqui. 3.6. Você sempre vai para o trabalho de carona com a sua namorada?

LIÇÃO 11

1. *Eu (não) posso ajudar o meu pai / ir para a universidade / fazer compras. Você (não) sabe falar português / nadar / dirigir carro. Nós (não) conseguimos entender esta matéria* など
2. 2.1. Eu sei falar português mas não consigo entender esta palavra. 2.2. Você pode ir para a universidade comigo amanhã? 2.3. Eu quero comprar um carro novo mas não posso porque eu não tenho dinheiro. 2.4. Nós estamos com fome. Podemos comer esta pizza? 2.5. Eu preciso acordar cedo amanhã mas não consigo dormir agora. 2.6. Eu não sei dirigir por isso não posso ir de carro para a sua casa. / Eu não posso ir de carro para a sua casa porque eu não sei dirigir.

LIÇÃO 12

1. 1.1. Eu conheço Paulo mas não sei onde ele mora e nem com quem ele mora. 1.2. Você conhece aquele restaurante brasileiro perto da estação de Tóquio? Você sabe o telefone de lá? 1.3. Vocês sabem se Maria conhece a China ou se ela sabe falar chinês? 1.4. Os meus pais não conhecem o meu namorado mas sabem que eu gosto muito dele. 1.5. Eu quero conhecer o Brasil. Você sabe quantas horas leva do Japão até o Brasil?
2. 2.1. conhece – conheço – sei 2.2. sabem – sabemos 2.3. sabe – sei – conheço 2.4. conhece – conheço – conhecer – sei 2.5. sabe – sei – conheço – sabe
3. 3.1. Ele conhece você? Ele sabe quando é o seu aniversário? 3.2. Eu conheço os pais do meu namorado / da minha namorada mas não sei o nome deles. 3.3. Você conhece a música "Garota de Ipanema"? Você sabe cantar essa música? 3.4. Nós conhecemos Paulo mas não sabemos nada sobre ele. 3.5. Ele não conhece nenhuma mulher brasileira mas sabe do que elas gostam. 3.6. Eu não conheço o Brasil mas sei tudo sobre esse país.

2021年
同学社

4. PRONÚNCIA 発音

4.1. VOGAIS 母音

① 単母音

	発音	綴り	説明	例
a	[a]	**á, a, à**	口母音（開口音）。 日本語の「ア」より大きく口を開けて明るく発音する。 • 綴り字記号（´）が付く場合 • アクセントのあるaで直後にm, n, nhの文字以外が来る場合 • 綴り字記号（`）が付く場合	→ **á**gua（水） → c**a**sa（家） → **à**quela（あの～に）
	[ɐ]	**â, a**	口母音（閉口音）。 日本語の「ア」より狭い音で発音する。 • 綴り字記号（^）が付く場合 • アクセントのあるaで直後にm, n, nhの文字が来る場合 • アクセントのないaの場合	→ c**â**mera（カメラ） → p**a**ne（故障） → cam**a**（ベッド）
	[ɐ̃]	**ã, am, an**	鼻母音。 閉口音で「アン」と発音する。（amの場合も、その直後に“p”か“b”が来ない限り、唇はくっつかない。） • 綴り字記号（~）が付く場合 • 音節末のam・anの場合（語末の場合を除く）	→ irm**ã**（姉妹） → b**am**bu（竹）
	[aj]	**_ás, _az**	ブラジルの慣用的な読み方。 開口音で「アィス」と発音する。 • アクセントのある語末のás・azの場合	→ atr**ás**（後ろ）
e	[ɛ]	**é, e**	口母音（開口音）。 日本語の「エ」より口を大きく開けて、「ア」を発音するような気持ちで発音する。 綴り字記号（´）が付く場合 • アクセントのあるeの一部の場合（語による）	→ **é**poca（時代） → **e**la（彼女）
	[e]	**ê, e**	口母音（閉口音）。 日本語の「エ」に近い感じで発音する。 • 綴り字記号（^）が付く場合 • アクセントのあるeの一部の場合（語による） • 語末に来ないアクセントのないeの場合	→ p**ê**ssego（桃） → **e**le（彼） → v**e**rdade（真実）
	[i]	**e**	開口音。ブラジルの慣用的な読み方。 日本語の「イ」に近い感じで発音する。 • アクセントのない語末のeの場合 • アクセントのない語中のeの一部の場合	→ nom**e**（名前） → p**e**queno（小さい）
	[j]	**e**	弱母音。 日本語の「イ」を弱く発音する。 • 二重母音や三重母音を弱母音として構成する場合	→ mã**e**（母）， pã**e**s（パン〔複〕）
	[ẽ]	**em, en**	鼻母音。 「エン」と発音する。（emの場合も、その直後に“p”か“b”が来ない限り、唇はくっつかない。） • 音節末のem・enの場合（語末の場合を除く）	→ t**em**po（時）， l**en**ço（ハンカチ）
	[ɛj]	**_és**	ブラジルの慣用的な読み方。 開口音で「エィス」と発音する。 • アクセントのある語末のésの場合	→ r**és**（低い）， pontap**és**（キック〔複〕）
	[ej]	**_ês, _ez** **ex-**(語)	ブラジルの慣用的な読み方。 閉口音で「エィス」と発音する。 • アクセントのある語末のês・ez又は「元大統領」のように「元」を意味するexの場合	→ japon**ês**（日本人）， **ex**-marido（元夫）

	発音記号	綴り	説明	例
i	[i]	**í, i**	口母音。 日本語の「イ」より唇を広げて発音する。 ・綴り字記号（´）が付く場合 ・アクセントのある i の場合 ・弱母音を除くアクセントのない i の場合	 → fígado（肝臓） → bonito（美しい） → felicidade （幸せ）
	[j]	**i**	弱母音。 日本語の「イ」を弱く発音する。 ・二重母音や三重母音を弱母音として構成する場合	 → vai（行く）, coisa（物）
	[ĩ]	**im, in**	鼻母音。 「イン」と発音する。（im の場合も、その直後に “p” か “b” が来ない限り、唇はくっつかない。） ・音節末の im・in の場合	 → sim（ハイ）, quintal（庭）
o	[ɔ]	**ó, o**	口母音（開口音）。 日本語の「オ」より口を大きく開けて、アに近づけるような気持ちで発音する。 ・綴り字記号（´）が付く場合 ・アクセントのある o の一部の場合（語による）	 → avó（祖母） → escola（学校）
	[o]	**ô, o**	口母音（閉口音）。 日本語の「オ」に近い感じで発音する。 ・綴り字記号（^）が付く場合 ・アクセントのある o の一部の場合（語による） ・語末に来ないアクセントのない o の場合	 → avô（祖父） → telefone（電話） → cometa（彗星）
	[u]	**o**	口母音。ブラジルの慣用的な読み方。 日本語の「ウ」に近い感じで発音する。 ・アクセントのない語末の o の場合 ・アクセントのない語中の o の一部の場合	 → vaso（花瓶） → colher（スプーン）
	[w]	**o**	弱母音。 日本語の「ウ」を弱く発音する。 ・二重母音や三重母音を弱母音として構成する場合	 → mágoa（苦痛）, nódoa（しみ）
	[õ]	**om, on**	鼻母音。 「オン」と発音する。（om の場合も、その直後に “p” か “b” が来ない限り、唇はくっつかない。） ・音節末の om・on の場合	 → bom（良い）, conta（口座）
	[ɔj]	**_ós, _oz**	ブラジルの慣用的な読み方。 開口音で「オィス」と発音する。 ・アクセントのある語末の ós・oz の場合	 → após（〜の後で）, feroz（どう猛な）
	[oj]	**_ôs, _oz**	ブラジルの慣用的な読み方。 閉口音で「オィス」と発音する。 ・アクセントのある語末の ôs・oz の場合	 → depôs（陳述した）, arroz（ご飯）
u	[u]	**ú, u**	口母音。 日本語の「ウ」に近い感じで発音する。 ・綴り字記号（´）が付く場合 ・アクセントのある u の場合 ・弱母音を除くアクセントのない u の場合	 → saúde（健康） → nuvem（雲） → mulher（女性）
	[w]	**u**	弱母音。 日本語の「ウ」を弱く発音する。 ・二重母音や三重母音を弱母音として構成する場合	 → água（水）
	[ũ]	**um, un**	鼻母音。 「ウン」と発音する。（um の場合も、その直後に “p” か “b” が来ない限り、唇はくっつかない。） ・音節末の um・un の場合	 → um（1）, mundo（世界）
	[uj]	**_us, _uz**	ブラジルの慣用的な読み方。 開口音で「ウィス」と発音する。 ・アクセントのある語末の us・uz の場合	 → pus（膿）, cuscuz（クスクス）

② 二重母音

連続した２つの母音を一気に発音する、つまり２つの母音が一つの音節に属するものを二重母音という。パターンとしては、「強母音＋弱母音」か「弱母音＋強母音」である。（※）

二重口母音 Ditongos Orais

発音	綴り	例
[aj]	ai	pai（父）, caixa（箱）
[aw]	au	aula（授業）, lauda（ページ）
[ɛj]	ei*	papéis（紙〔複〕）, hotéis（ホテル〔複〕）
[ej]	ei	rei（王）, cheiro（臭い）
[ɛw]	éu	réu（被告人）, céu（空）
[ew]	eu	meu（私の）, seu（あなたの）
[je]	ie	série（シリーズ）, cárie（虫歯）
[iw]	iu	viu（〔彼は〕見た）, abriu（〔彼は〕開けた）
[wa]	oa	mágoa（悲しみ）, nódoa（しみ）
[ɔj]	oi*	herói（英雄）, lençóis（シーツ〔複〕）
[oj]	oi	boi（雄牛）, dois（2）
[ow]	ou	vou（〔私は〕行く）, couro（革）
[wa]	ua	água（水）, tábua（板）
[uj]	ui	fui（〔私は〕行った）, cuidado（注意）

二重鼻母音 Ditongos Nasais

発音	綴り	例
[ɐ̃j̃]	ãe, ãi	mãe（母）, cãibra（けいれん）
[ɐ̃w̃]	ão, am**	pão（パン）, moram（〔彼らは〕住む）
[ẽj̃]	em**, en**	homem（男性）, hífen（ハイフン）
[õj̃]	õe	limões（レモン〔複〕）, corações（心〔複〕）
[ũj̃]	ui	muito***（とても）

* 2009 年の正書法改革に伴い、最後から２番目の音節に来る[éi]と[ói]の綴りの二重口母音のアクセント記号は廃止された。
例：ideia (アイデア), heroico (英雄的)

** 語末の場合のみ。語中の場合は単母音（鼻母音）。

*** この発音はこの例にのみ現れる。

※ 連続した母音が「強母音＋強母音」の場合、つまり２つの母音が一息で発音されない場合は、母音接続（hiato）といい、二重母音ではない。この場合、それぞれの母音は別々の音節に属する。
例：frio (fri-o), tia (ti-a), saúde (sa-ú-de)

③ 三重母音

連続した３つの母音を一気に発音する、つまり３つの母音が一つの音節に属するものを三重母音という。パターンとしては、「弱母音＋強母音＋弱母音」である。（※）

三重口母音 Tritongos Orais

発音	綴り	例
[waj]	uai	Paraguai（パラグアイ）
[wej]	uei	averiguei（〔私は〕調べた）
[wow]	uou	aguou（〔彼は〕水をまいた）

三重鼻母音 Tritongos Nasais

発音	綴り	例
[wɐ̃w̃]	uão	saguão（ロビー）

※「弱母音＋強母音＋弱母音」のパターンでなければ、３つの母音が連続しても三重母音を構成しない。（発音的にも、３つの母音は一気に発音されない。）
例：

二重母音
強 弱　強
ideia (i - d e i - a)

弱母音 とは、音色は母音的でありながら、子音と等しく単独で音節を作ることのできないものをいう。半母音や半子音ともいう。弱母音は必ず一つ以上の母音と一緒に音節を作り、二重母音や三重母音を構成する。

ポルトガル語の弱母音は[j]と[w]の２種類であるが、綴りでは “i” か “u” がほとんどで、希に “e” と “o” と表記されることがある。

発音	綴り	例
[j]	i	caixa, cuidado, peixe
	e	mãe
[w]	u	couro, tábua, meu
	o	mágoa

4.2. CONSOANTES 子音 CD 6

	発音	綴り	説明	例
b	[b]	ba / be / bi / bo / bu	• 日本語の「バ」行に当たる。	→ cabana（小屋）, bolo（ケーキ）
			• その直後に “l” 又は “r” 以外の子音が来る場合は、“b” の後ろに小さい〔i〕の音を挿入し、「ビ」と発音することが多い。（ブラジルの慣用的な読み方。）	→ abdicar（辞任する）, substantivo（名詞）
c	[k]	ca / que / qui / co / cu	• 日本語の「カ」行に当たるが、“a”, “o” 又は “u” が次ぐ場合にのみ “c” で綴る。「ケ」「キ」は、“que” “qui” の綴りになるので要注意。（“Q” の欄を参照。）	→ casa（家）, cobra（蛇）
			• その直後に “l”, “r” 又は “h” 以外の子音が来る場合は、“c” の後ろに小さい〔i〕の音を挿入し、「キ」と発音することが多い。（ブラジルの慣用的な読み方。）	→ pacto（協定）, czar（ロシア皇帝）
	[s]	ça / ce / ci / ço / çu	• 日本語の「サ」行に当たるが、“i” が次ぐ場合の発音には注意が必要。つまり、「シ」ではなく、「スィ」に近い感じで発音する。 なお、“e” 又は “i” が次ぐ場合にのみ “c” で綴り、「サ」「ソ」「ス」は、“ça” “ço” “çu” の綴りになるので要注意。（“Ç” の欄を参照。） ※「サ」行には、sa – se – si – so – su の綴りもある。（“S” の欄を参照。）	→ cebola（玉ねぎ）, cacique（インディオの村長）
	[ʃ]	cha / che / chi / cho / chu	• “ch” は二重字を構成し、日本語の「シャ」行に当たる。（「チャ」ではないので要注意。） ※「シャ」行には、xa – xe – xi – xo – xu の綴りもある。（“X” の欄を参照。）	→ chave（鍵）, chuva（雨）
ç	[s]	ça / ce / ci / ço / çu	• “ç” は母音 “a”, “o”, “u” の前にのみ用いられ、日本語の「サ・ソ・ス」に当たる。	→ pescoço（首）, açúcar（砂糖）
d	[d]	da / de / di / do / du	• 日本語の「ダ」行に当たるが、“de” “di” “du” の発音には注意が必要。	→ data（日付）, doce（お菓子）
			de: 語末に現れるとき、日本語の「ジ」に近い音➡ [dʒi]（ブラジルの慣用的な読み方。）	→ bonde（路面電車）
			di: 現れる場所にかかわらず、日本語の「ジ」に近い音➡ [dʒi]（ブラジルの慣用的な読み方。）	→ médico（医者）
			du: 現れる場所にかかわらず、日本語の「ヅ」ではなく、「ドゥ」に近い感じで発音➡ [du]	→ adubo（肥料）
			• その直後に “r” 以外の子音が来る場合は、“d” の後ろに小さい〔i〕の音を挿入し、「ジ」と発音することが多い。（ブラジルの慣用的な読み方。）	→ advogado（弁護士）, admissão（入会）
f	[f]	fa / fe / fi / fo / fu	• 日本語の「ファ」行に当たるが、“u” が次ぐ場合の発音には注意が必要である。つまり、日本語の「フ」ではなく、“f” をもっと意識した発音である。	→ faca（ナイフ）, fumaça（煙）
			• その直後に “l” 又は “r” 以外の子音が来る場合は、“f” の後ろに小さい〔i〕の音を挿入し、「フィ」と発音することが多い。（ブラジルの慣用的な読み方。）	→ afta（口内炎）

	発音記号	綴り	説明	例
g	[g]	ga / gue / gui / go / gu	• 日本語の「ガ」行に当たるが、「ゲ」「ギ」の場合は、“gue” “gui” の綴りになるので要注意（くれぐれも「グェ」「グィ」にならないように注意）。	→ gato（猫）, guerra（戦争）
			• その直後に “l” と “r” 以外の子音が来る場合は、“g” の後ろに小さい〔i〕の音を挿入し、「ギ」と発音することが多い。（ブラジルの慣用的な読み方。）	→ diagnóstico（診断）, pragmático（実用主義の）
	[gw]	gua / gue / gui / guo / –	• 日本語の「グァ」「グェ」「グィ」「グォ」に当たる。 ※「グェ」「グィ」の場合は、2009 年の正書法改革に伴い、“u” の綴り字記号（¨）が廃止されたため、上記の「ゲ」「ギ」との区別ができなくなり、単語単位で覚えるしかないので要注意。	→ régua（定規）, linguiça（ソーセージ）
	[ʒ]	ja / ge / gi / jo / ju	• 日本語の「ジャ」行に近いが舌を口蓋にくっつけずに発音する。 なお、“g” で綴るのは “e” 又は “i” が次ぐ場合のみである（くれぐれも「ゲ」「ギ」にならないように注意）。 ※「ジャ」行には、ja – je – ji – jo – ju の綴りもある。（“J” の欄を参照。）	→ gelo（氷）, girafa（キリン）
h	–	ha_ / he_ / hi_ / ho_ / hu_	• 語頭に来る “h” は、原則として発音されず、その直後の母音から発音し始める。	→ harpa（ハープ）, hospital（病院）
j	[ʒ]	ja / je / ji / jo / ju	• 日本語の「ジャ」行に近いが舌を口蓋にくっつけずに発音する。 ※「ジェ」と「ジ」には、ge と gi の綴りもある。（“G” の欄を参照。）	→ janela（窓）, jogo（ゲーム）
k	[k]	ka / ke / ki / ko / ku	• 固有名詞や外来語に多く用いられ、日本語の「カ」行に当たる。（元の発音を多少ポルトガル語風にアレンジすることが多い。） ※2009 年の正書法改革に伴い、新たにアルファベットに追加された文字。	→ ketchup（ケチャップ）
l	[l]	la / le / li / lo / lu	• 日本語の「ラ」行に聞こえるが、舌を門歯の裏に付けて発音する。	→ leite（牛乳）, livro（本）
	[w]	_al / _el / _il / _ol / _ul	• 語末の “l” 又は音節末の “l”（次の音節は子音で始まる）場合は、その “l” は弱い「ウ」と発音する。	→ caldo（汁）, Brasil（ブラジル）
	[ʎ]	lha / lhe / lhi / lho / lhu	• “lh” は二重字を構成し、日本語の「リャ」行に聞こえるが、舌の先を軟口蓋に付けて発音する。	→ mulher（女性）, trabalho（仕事）
m	[m]	ma / me / mi / mo / mu	• 日本語の「マ」行に当たる。	→ mala（鞄）, amigo（友人）
	[w̃]	_am	• 語末に “am” が来る場合は二重鼻母音を構成し、日本語の「アゥン」に近い感じで発音するが、「ア」の音は閉口音である。	→ moram（〔彼らは〕住む）, falam（〔彼らは〕話す）
	[j̃]	_em	• 語末に “em” が来る場合は二重鼻母音を構成し、日本語の「エィン」に近い感じで発音する。	→ porém（しかし）, refém（人質）
	[n]	_im / _om / _um	• 語末に “a” 又は “e” 以外の母音 ＋ “m” が来る場合は、その “m” は日本語の「ン」に当たり、両唇をくっつけないで発音する。	→ sim（ハイ）, um（1）
n	[n]	na / ne / ni / no / nu	• 日本語の「ナ」行に当たる。	→ navio（船）, novo（新しい）
	[j̃]	_en	• 語末に “en” が来る場合は二重鼻母音を構成し、日本語の「エィン」に近い感じで発音する。	→ hífen（ハイフン）, pólen（花粉）
	[ɲ]	nha / nhe / nhi / nho / nhu	• “nh” は二重字を構成し、日本語の「ニャ」行に当たる（くれぐれも「ンハ」「ンヘ」等にならないように注意）。	→ unha（爪）, vinho（ワイン）

p	[p]	**pa / pe / pi / po / pu**	・日本語の「パ」行に当たる。 ・その直後に “l” 又は “r” 以外の子音が来る場合は、“p” の後ろに小さい〔i〕の音を挿入し、「ピ」と発音することが多い。（ブラジルの慣用的な読み方。）	→ **pai**（父）, **polícia**（警察） → **pneumonia**（肺炎）, **opção**（オプション）
q	[k]	ca / **que / qui** / co / cu	・日本語の「カ」行に当たるが、「ケ」「キ」の場合のみ “que” “qui” と綴り（くれぐれも「クェ」「クィ」にならないように注意）、「カ」「コ」「ク」の場合は “c” で綴るので要注意。（“C” の欄を参照。）	→ **queijo**（チーズ）, es**quil**o（リス）
	[kw]	**qua / que / qui / quo / –**	・日本語の「クァ」「クェ」「クィ」「クォ」に当たる。 ※「クェ」「クィ」の場合は、2009 年の正書法改革に伴い、“u” の綴り字記号（¨）が廃止されたため、上記の「ケ」「キ」との区別ができなくなり、単語単位で覚えるしかないので要注意。	→ a**quá**tico（水中の）, cin**quen**ta（50）
r	[R]	**ra_ / re_ / ri_ / ro_ / ru_**	・語頭に来る “r” は、日本語の「ハ」行に当たるが、“u” が次ぐ場合の発音に注意が必要。つまり、日本語の「フ」ではなく、「ホゥ」と発音する。下記の語中の “rr” と同じ。	→ **ra**to（ネズミ）, **ri**o（川）
		rra / _rre_ / _rri_ / _rro_ / _rru_	・語中の “rr” は二重字を構成し、日本語の「ハ」行に当たるが、 “u” が次ぐ場合の発音に注意が必要。つまり、日本語の「フ」ではなく、「ホゥ」と発音する。上記の語頭の “r” と同じ。	→ ja**rra**（ピッチャー）, ca**rro**（車）
		_lr_ / _nr_ / _sr_	・語中で “l”, “n” か “s”の後に来る “r” は、日本語の「ハ」行に当たるが、“u” が次ぐ場合の発音に注意が必要。つまり、日本語の「フ」ではなく、「ホゥ」と発音する。上記の語頭の “r” と語中の “rr” と同じ。	→ hon**ra**（名誉）, des**re**speito（不敬）
		_ar / _er / _ir / _or / _ur	・語末又は音節末の “r” は、のどの奥の方から音を出して[R]と発音する。なお、ブラジルの地域によっては日本語の「ル」に近い音で「ル」のウの音を発音せずに言うところもある。	→ and**ar**（歩く）, p**or**ta（ドアー）
	[r]	**_ra_ / _re_ / _ri_ / _ro_ / _ru_**	・語中で母音の後に来る “r” は、日本語の「ラ」行に当たる。	→ mo**rar**（住む）, co**ro**（合唱）
s	[s]	**sa_ / se_ / si_ / so_ / su_**	・語頭に来る “s” は、日本語の「サ」行に当たるが、“i” が次ぐ場合の発音には注意が必要。つまり、「シ」ではなく、「スィ」に近い感じで発音する。下記の語中の “ss” と同じ。 ※「サ」行には、ça – ce – ci – ço – çu の綴りもある。（“C” 及び “Ç” の欄を参照。）	→ **sa**po（カエル）, **si**rene（サイレン）
		ssa / _sse_ / _ssi_ / _sso_ / _ssu_	・語中の “ss” は二重字を構成し、日本語の「サ」行に当たるが、“i” が次ぐ場合の発音には注意が必要。つまり、「シ」ではなく、「スィ」に近い感じで発音する。上記の語頭の “s” と同じ。	→ carro**ssel**（メリーゴーランド）, pa**sso**（一歩）
		_ls_ / _ns_ / _rs_	・語中で “l”, “n” か “r”の後に来る “s” で直後に母音が来る場合は、日本語の「サ」行に当たるが、“i” が次ぐ場合の発音には注意が必要。つまり、「シ」ではなく、「スィ」に近い感じで発音する。上記の語頭の “s” と語中の “ss” と同じ。	→ pen**sar**（考える）, remor**so**（後悔）
		_as / _es / _is / _os / _us	・語末又は音節末の “s” では、日本語の「ス」に近いが「ス」のウの音を発音しない。 ※ “s” で終わる単語で最後の音節にアクセントがある場合は、その音節の母音の後に小さい〔i〕の音を入れることが多い。（ブラジルの慣用的な読み方。）関連する母音の覧で参照。	→ ami**gos**（友人〔複〕）, po**s**te（電信柱）
	[z]	**母sa / 母se / 母si / 母so / 母su**	・母音に挟まれる “s” は、日本語の「ザ」行に当たるが、“i” が次ぐ場合の発音には注意が必要。つまり、「ジ」ではなく、「ズィ」に近い感じで発音する。 ※「ザ」行には、za – ze – zi – zo – zu や xa – xe – xi – xo – xu の綴りもある。（“Z” 及び “X” の欄を参照。）	→ ca**sa**（家）, pe**so**（重さ）

t	[t]	ta / te / ti / to / tu	• 日本語の「タ」行に当たるが、"te" "ti" "tu" の発音には注意が必要。 te: 語末に現れるとき、日本語の「チ」に近い音➡ [tʃi] (ブラジルの慣用的な読み方。) ti: 現れる場所にかかわらず、日本語の「チ」に近い音➡ [tʃi] (ブラジルの慣用的な読み方。) tu: 現れる場所にかかわらず、日本語の「ツ」ではなく、「トゥ」に近い感じで発音➡ [tu] • 語末に "t" が来る場合又は語中で "t" が現れ、その直後に "r" 又は "l" 以外の子音が来る場合は、"t" の後ろに小さい〔i〕の音を挿入し、「チ」と発音することが多い。(ブラジルの慣用的な読み方。)	→ carta (手紙), torre (タワー) → noite (夜) → tia (叔母) → atum (マグロ) → habitat (〔動物の〕生息地), ritmo (リズム)
v	[v]	va / ve / vi / vo / vu	• 日本語の「ヴァ」行に当たる。 • その直後に "l" 又は "r" 以外の子音が来る場合は、"v" の後ろに小さい〔i〕の音を挿入し、「ヴィ」と発音することが多い。(ブラジルの慣用的な読み方。)	→ vaca (雌牛), ovo (たまご) → óvni (UFO)
w	[w]	wa / we / wi / wo / wu	• 固有名詞や外来語に多く用いられ、日本語の「ウァ」行に当たる。(元の発音を多少ポルトガル語風にアレンジすることが多い。) ※2009 年の正書法改革に伴い、新たにアルファベットに追加された文字。	→ walkman (ウォークマン), windsurfe (ウインドサーフィン)
	[v]	wa / we / wi / wo / wu	• 特に人名の場合は [v] と発音することが多く、日本語の「ヴァ」行に当たる。	→ Walter (人名・男), Wilma (人名・女)
x	[ʃ]	xa / xe / xi / xo / xu	• 母音が次ぐ場合の一部には (語による)、日本語の「シャ」行に当たる。 ※「シャ」行には、cha – che – chi – cho – chu の綴りもある。("C" の欄を参照。)	→ enxada (鍬), baixo (低い)
	[ks]	[母]xa / [母]xe / [母]xi / [母]xo / [母]xu	• 母音が次ぐ場合の一部には (語による)、日本語の「クス」に近いが「ク」のウの音は発音しない。	→ táxi (タクシー), fixo (固定の)
		_ax / _ex / _ix / _ox / _ux	• 接頭辞 "ex" を除き、語末に来る "x" は日本語の「クス」に近いが「ク」のウの音は発音しない。	→ tórax (胸郭), durex (セロファンテープ)
	[s]	xce / xci xsa / xsi / xso / xsu	• "xc" と "xs"は二重字を構成し、日本語の「サ」行に当たるが、"i" が次ぐ場合の発音には注意が必要。つまり、「シ」ではなく、「スィ」に近い感じで発音する。	→ exceção (例外), exsudar (しみ出す)
		xi	• "i" が次ぐ場合の一部には (語による)、日本語の「スィ」に近い感じで発音する。	→ máximo (最大の), próximo (次の)
		ex[子]	• "e" の後に来て次に子音で始まる音節が「サ」行に当たらない場合は、日本語の「ス」に近いが「ス」のウの音は発音しない。	→ expulsar (追い出す), extintor (消火器)
		ex-[語]	• 「元大統領」のように「元」を意味する ex は [ejs] と発音し、"e" と "x" の間に小さい〔i〕の音を入れることが多い。(ブラジルの慣用的な読み方。)	→ ex-marido (元夫), ex-presidente (元大統領)
	[z]	exa / exe / exi / exo / exu	• "e" の後に来て次に母音が続く場合は、日本語の「ザ」行に当たるが、"i" が次ぐ場合の発音には注意が必要。つまり、「ジ」ではなく、「ズィ」に近い感じで発音する。 ※「ザ」行には、sa – se – si – so – su や za – ze – zi – zo – zu の綴りもある。("S" 及び "Z" の欄を参照。)	→ exemplo (例), exótico (エキゾチック)
y	[j]	ya / ye / yi / yo / yu	• 固有名詞や外来語に用いられ、日本語の「ヤ・イェ・イ・ヨ・ユ」に近い。(元の発音を多少ポルトガル語風にアレンジすることが多い。) ※2009 年の正書法改革に伴い、新たにアルファベットに追加された文字。	→ yakisoba (焼きそば), yuppie (ユーピー)
	[i]	y[母]_ / y[子]_	• 特に人名の場合の語頭に来る場合は [i] と発音する。	→ Yara (人名・女), Yvone (人名・女)

z	[z]	za / ze / zi / zo / zu	• 語頭に来る "z" は、日本語の「ザ」に当たるが、"i" が次ぐ場合の発音には注意が必要。つまり、「ジ」ではなく、「ズィ」に近い感じで発音する。 ※「ザ」行には、sa – se – si – so – su や xa – xe – xi – xo – xu の綴りもある。("S" 及び "X" の欄を参照。)	→ azedo (酸っぱい), zoológico (動物園)
	[s]	_az / _ez / _iz / _oz / _uz	• 語末の "z" は、[s] と発音し、日本語の「ス」に近いが「ス」のウの音は発音しない。 ※ "z" で終わる単語で最後の音節にアクセントがある場合は、その音節の母音の後に小さい〔i〕の音を入れることが多い。(ブラジルの慣用的な読み方。) 関連する母音の欄で参照。	→ xadrez (チェス), feliz (幸せな)

二重字 とは、1文字で1音素を表すことができない言葉の不足を補うため、2文字で1つの音素を表す場合をいう。

ポルトガル語の二重字には次のものがある。

綴り	発音	例
ch	[ʃ]	chave
lh	[ʎ]	molho
nh	[ɲ]	banho
rr	[R]	carro
ss	[s]	massa
sc	[s]	nascer

綴り	発音	例
sç	[s]	desço
xc	[s]	excelente
xs	[s]	exsicar
gu*	[g]	sangue
qu*	[k]	quente

* 次に "e" か "i" が来る場合のみ。

5. PONTUAÇÃO
句読点

,	コンマ	→	vírgula	( )	丸かっこ	→	parênteses
;	セミ・コロン	→	ponto e vírgula	[ ]	角カッコ	→	colchetes
:	コロン	→	dois pontos	{ }	中カッコ	→	chaves
.	終止符	→	ponto	" "	引用符	→	aspas
...	連続符	→	reticências	-	ハイフン	→	hífen
?	疑問符	→	ponto de interrogação	_	アンダーバー	→	sublinhado
!	感嘆符	→	ponto de exclamação	—	ダッシュ	→	travessão
'	アポストロフィ	→	apóstrofo	*	アステリスク	→	asterisco
/	スラッシュ	→	barra	@	アットマーク	→	arroba
&	アンパサンド	→	"e" comercial	#	シャープ	→	jogo da velha

LIÇÃO 2
第２課

CONJUGAÇÃO E APLICAÇÕES DO VERBO SER
【 SER 動詞の活用と用法 】

2

O meu nome é Paulo  CD 7

Maria: – Oi, eu sou Maria. Como é o seu nome?

Paulo: – O meu nome é Paulo.

Maria: – De onde você é?

Paulo: – Eu sou do Brasil, de São Paulo.

Maria: – Ah, você é brasileiro! E qual é a sua profissão?

Paulo: – Eu sou estudante. E você?

Maria: – Eu também sou estudante. Você é casado?

Paulo: – Não, eu não sou. Eu sou solteiro. E você?

Maria: – Eu também sou solteira.

1. CONJUGAÇÃO DO VERBO SER (Presente do Indicativo) SER 動詞の活用（直説法・現在形）

 CD 8

SER 動詞は、英語の "BE" 動詞の一部の意味に該当し、<u>名前や国籍、職業など</u>のように、<u>一般的に変わらない性質</u>を表すときに用いられ、日本語では「～である」に当たる。

VERBO SER

（不規則動詞）

（私）	eu	<u>sou</u>
（あなた） （彼） （彼女）	você, o senhor, a senhora ele ela	<u>é</u>
（私たち）	nós	<u>so</u>mos
（あなたたち） （彼ら） （彼女たち）	vocês, os senhores, as senhoras eles elas	<u>são</u>

※下線部の音節にアクセントがある。

あなた・あなたたち について

親しい間柄では、相手の性別にかかわらず、"você・vocês" を用いるが、目上の人や初対面の人に対しては、相手が男性の場合は "o senhor・os senhores" を用い、相手が女性の場合は "a senhora・as senhoras" を用いる。

注１）正確には、あなたは "tu" であなたたちは "vós" であるが、ブラジルでは "tu" は一部地域（北東部及び南部）のみ、また "vós" は口語では全く使われないため、ここでは一般的に用いられる "você" と "vocês" を扱うことにする。

注２）意味上では "você" と "vocês" は２人称に当たるが、"você" は "vossa mercê"（あなたの恵み）という普通名詞から由来した語であるため、文法的には３人称扱いされ、動詞の活用等も３人称の形を借りることになる。

2. APLICAÇÕES DO VERBO SER
SER 動詞の用法

SER 動詞は、下記のように、**一般的に変わらない性質**を表すときに用いられる。

使い方その1　名前を言うとき

S（主語）	+	V（SER 動詞）	+	名前
Eu		**sou**		Cláudia.
O meu nome		**é**		Pedro.
Eles		**são**		Paulo e Maria.

聞き方 ?

Como / Qual } é o seu nome?

あなたの名前は何ですか？

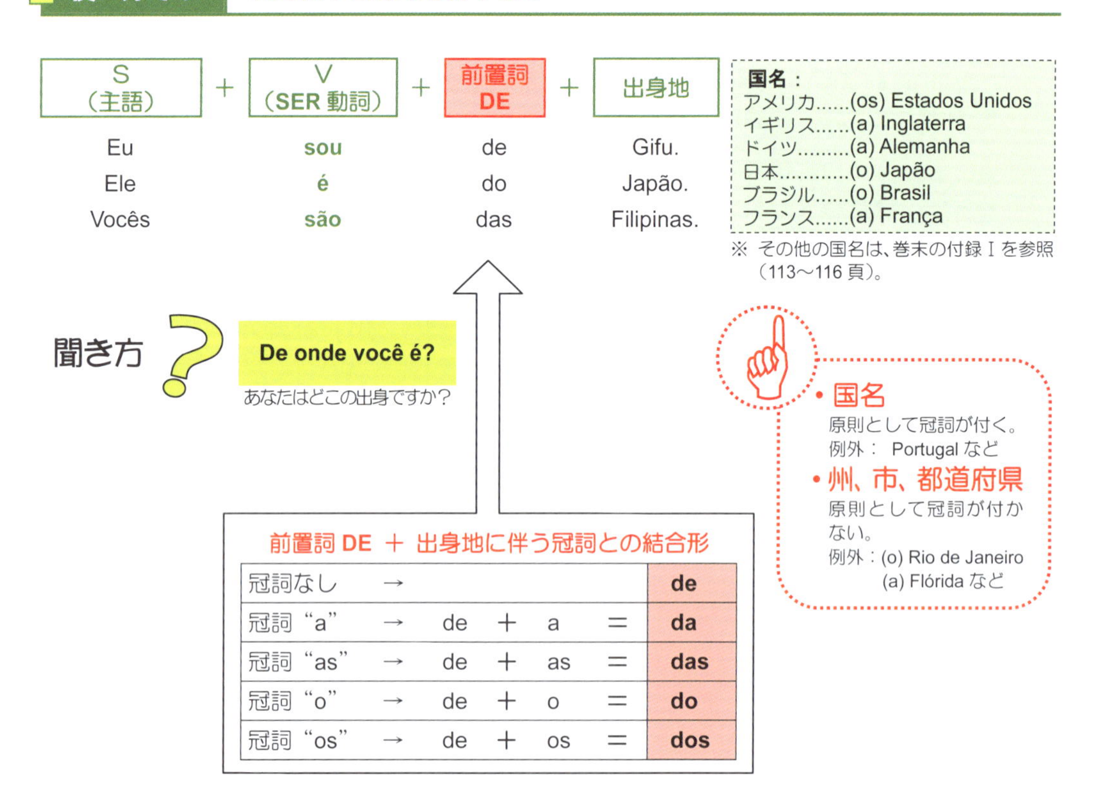

使い方その2　出身国や出身地を言うとき

S（主語）	+	V（SER 動詞）	+	前置詞 DE	+	出身地
Eu		**sou**		de		Gifu.
Ele		**é**		do		Japão.
Vocês		**são**		das		Filipinas.

国名：
アメリカ......(os) Estados Unidos
イギリス......(a) Inglaterra
ドイツ.........(a) Alemanha
日本............(o) Japão
ブラジル......(o) Brasil
フランス......(a) França

※ その他の国名は、巻末の付録Ⅰを参照（113～116 頁）。

聞き方 ?

De onde você é?

あなたはどこの出身ですか？

前置詞 DE ＋ 出身地に伴う冠詞との結合形

冠詞なし	→					**de**
冠詞 “a”	→	de	＋	a	＝	**da**
冠詞 “as”	→	de	＋	as	＝	**das**
冠詞 “o”	→	de	＋	o	＝	**do**
冠詞 “os”	→	de	＋	os	＝	**dos**

• **国名**
原則として冠詞が付く。
例外： Portugal など

• **州、市、都道府県**
原則として冠詞が付かない。
例外：(o) Rio de Janeiro
(a) Flórida など

使い方その3　国籍を言うとき（〜人）

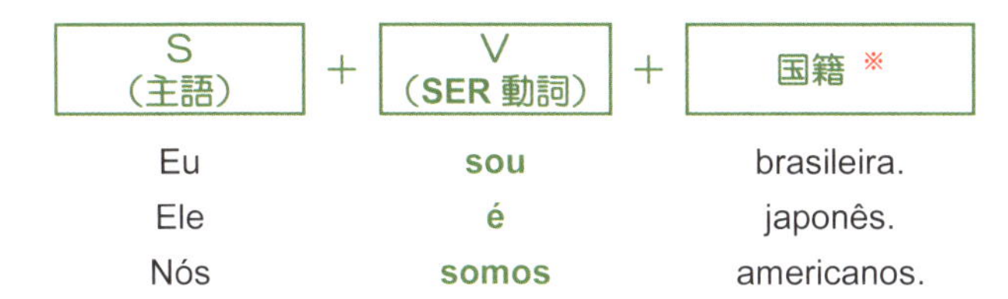

※ 国籍は、主語によって男性形・女性形、単数形・複数形に変化する。
▶ 性と数の変化については、本課の「3．名詞の性と数」を参照。

国籍：
アメリカ人.......americano
イギリス人.......inglês
韓国人.............coreano
スペイン人.......espanhol
中国人.............chinês
ドイツ人..........alemão
日本人.............japonês
ブラジル人.......brasileiro
フランス人.......francês
ペルー人..........peruano
ポルトガル人....português

※ その他の国の形容詞は、巻末の付録Ⅰを参照（113〜116 頁）。

聞き方 

Qual é a sua nacionalidade?
あなたの国籍は何ですか？

使い方その4　職業を言うとき

※ 職業は、主語によって男性形・女性形、単数形・複数形に変化する。
▶ 性と数の変化については、本課の「3．名詞の性と数」を参照。

職業：
医者.................médico
エンジニア........engenheiro
学生.................estudante
看護師.............enfermeiro
教師.................professor
銀行員.............bancário
公務員.............funcionário público
〇〇の従業員....funcionário de 〇〇
主婦.................dona de casa
商人.................comerciante
歯医者.............dentista
弁護士.............advogado

※ その他の職業は、巻末の付録Ⅱを参照（117 頁以降）。

聞き方 

Qual é a sua profissão?
あなたの職業は何ですか？

使い方その5　未婚・既婚の別を言うとき

未婚・既婚等の用語集：
独身の人..................... solteiro
結婚している人............ casado
離婚している人*.......... separado
離婚している人**........ divorciado
配偶者に死なれた人..... viúvo
* 再婚できない。　** 再婚できる。

※ 未婚・既婚等の別は、主語によって男性形・女性形、単数形・複数形に変化する。
▶ 性と数の変化については、本課の「3．名詞の性と数」を参照。

聞き方 

Você é solteiro?
あなたは独身ですか？

Qual é o seu estado civil? という聞き方があるが、役所以外では使われることがなく、左記のように直接質問する方が一般的である。

3. GÊNERO E NÚMERO DOS SUBSTANTIVOS
名詞の性と数

3.1. 名詞の性

他のラテン系の言葉〔スペイン語、イタリア語、フランス語など〕と同様、ポルトガル語の名詞はすべて男性名詞、女性名詞のいずれかである。これは文法上の性を恣意的に決めたものであり、話し手の性別とは関係ない。

名詞に付随する指示詞、所有詞、形容詞なども修飾する名詞の性と一致させる必要があることから、名詞の性を知ることはその意味を知ることと同じぐらい重要である。従って、これから単語を覚える際は、常に定冠詞を付けて覚えるようにするとよい（男性名詞には男性形定冠詞 "o"、女性名詞には女性形定冠詞 "a"）。

名詞の性の見分け方

① 生き物を示す名詞は、自然の性と一致する

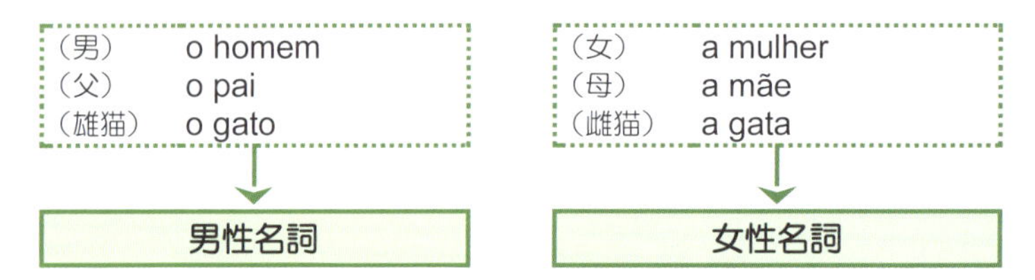

※ 実際には男女の区別があっても、文法的にはひとつの性しかもたない名詞がある。
例えば、o bebê（赤ちゃん）、a criança（子供）、a pessoa（人）

② 無生物を表す名詞は、その語尾によって見分けることになる

一般的に、下記の語尾で終わる単語は、次の性であることが多い（例外あり）。

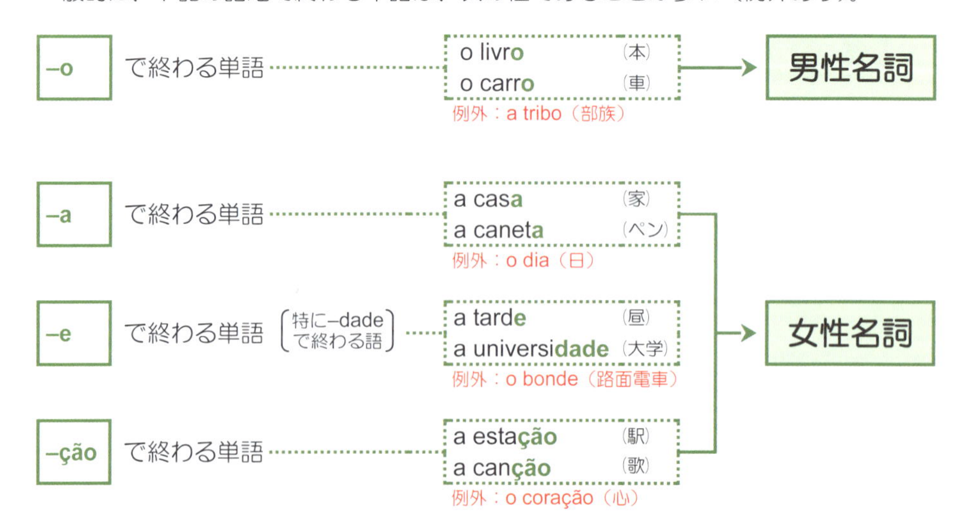

名詞の性の転換

辞書には男性形しか記載されていないことが多いため、男性形から女性形に転換する方法を覚える必要がある。

▶ **一般的に "o" で終わる男性形の単語は、語尾の "o" を "a" に変えて女性形にする。**

例えば、　o amigo（男友達）　→　a amiga（女友達）
　　　　　o médico（男性医師）　→　a médica（女性医師）

ただし、"ão" で終わる男性形の単語は、一般的に "o" を取るだけで女性形になることが多い（"ão" を "ona" に変えて女性形になる語もある）。

例えば、　o alemão（ドイツ人男性）　→　a alemã（ドイツ人女性）
　　　　　o irmão（兄弟）　→　a irmã（姉妹）

▶ **一般的に "ês" や "or" で終わる男性形の単語は、最後に "a" を加えて女性形にする。**（アクセント記号の有無に注意）

例えば、　o japonês（日本人男性）　→　a japonesa（日本人女性）
　　　　　o professor（男性教師）　→　a professora（女性教師）

▶ **一般的に "a" や "e" で終わる男性形の単語は、男女同形である。**

例えば、　o dentista（男性歯科医）　→　a dentista（女性歯科医）
　　　　　o estudante（男の学生）　→　a estudante（女の学生）

3.2. 名詞の数

ポルトガル語の名詞には単数と複数の区別があり、複数形は単数形の語末に "s" を加えてできる（発音しやすいように、語尾が多少変化する場合がある）。

名詞に付随する指示詞、所有詞、形容詞などは修飾する名詞の性だけではなく、数とも一致させる必要があることから、複数形の作り方を覚えることはとても重要である。

ここでは基本的なルールを覚えることにとどまり、さらに細かいルールは後述することにしたい（第 4 課、38 頁を参照）。

① **母音で終わる語は、語末に "s" を加えて複数形にする。**

例えば、　o amigo（男友達）　→　os amigos
　　　　　a casa（家）　→　as casas

② **"r" や "s" で終わる語は、語末に "es" を加えて複数形にする。**（アクセント記号の有無に注意）

例えば、　o japonês（日本人男性）　→　os japoneses
　　　　　o professor（男性教師）　→　os professores

③ **"ol" で終わる語は、"ol" を "óis" に変えて複数形にする。**（アクセント記号の有無に注意）

例えば、　o espanhol（スペイン人男性）　→　os espanhóis

④ **"m" で終わる語は、"m" を "ns" に変えて複数形にする。**

例えば、　o homem（男）　→　os homens
　　　　　a viagem（旅行）　→　as viagens

4. FRASES NEGATIVAS E INTERROGATIVAS
否定文と疑問文

ポルトガル語における否定文は、動詞の前に "NÃO" を加えて作られる。

肯定文	→	Você é brasileiro.	（あなたはブラジル人です。）
否定文	→	Você **não** é brasileiro.	（あなたはブラジル人ではありません。）

なお、疑問文に関しては、疑問詞を使う場合を除き、つまり、イエスかノーで答える疑問文は、文末に「?」を付けること以外、肯定文（または否定文）と全く同じ形であるため、イントネーションによって区別を付けることになる。

疑問文	Você é brasileiro?	（あなたはブラジル人ですか？）
	Você não é brasileiro?	（あなたはブラジル人ではありませんか？）

➔ 答え方：

SIM
はい

NÃO
いいえ

Você é brasileiro?
あなたはブラジル人ですか？

肯定： **Sim**, eu sou brasileiro.

否定： **Não**, eu não sou brasileiro.

※ 口語では、肯定の場合は "Sou" と動詞だけで、否定の場合は "Não, não sou" と否定語と動詞だけで答えることが多い。

否定疑問文の場合、ポルトガル語は日本語と異なり、質問の形式とは無関係に、事実に則してイエスかノーと答える。つまり、ポルトガル語では、質問が肯定文であっても、否定文であっても、答えの事実が肯定であれば、SIM で始まり、肯定文が続き、答えの事実が否定であれば、NÃO で始まり、否定文が続く。

例：
Você não é brasileiro?
あなたはブラジル人ではありませんか？　という質問に対し、

- ブラジル人であれば（肯定の事実） ➔ 日本語では「いいえ、私はブラジル人です。」と言うところをポルトガル語では「Sim, eu sou brasileiro.」と答える。
- ブラジル人でなければ（否定の事実） ➔ 日本語では「はい、私はブラジル人ではありません。」と言うところをポルトガル語では「Não, eu não sou brasileiro. 」と答える。

EXERCÍCIOS

PARTE 1 CD 10

2

1. 例にならって文を作りなさい。

例： Pedro / (o) Peru
Pedro é do Peru. Ele é peruano.

1.1. Eu / (o) Japão

1.2. Eu e Sônia / (o) Brasil

1.3. Paula / (a) Inglaterra.

1.4. Jack / (os) Estados Unidos

1.5. Elas / (a) França

2. 例にならって質問に答えなさい。

例： Você é americano?
○ *Sim, eu sou americano.*
× *Não, eu não sou americano.*

2.1. Ele é brasileiro?
○
×

2.2. A senhora é alemã?
○
×

2.3. Ela é da Espanha?
○
×

2.4. Vocês são franceses?
○
×

2.5. Eles são do Japão?
○
×

3. 空白を埋め、質問に答えなさい。

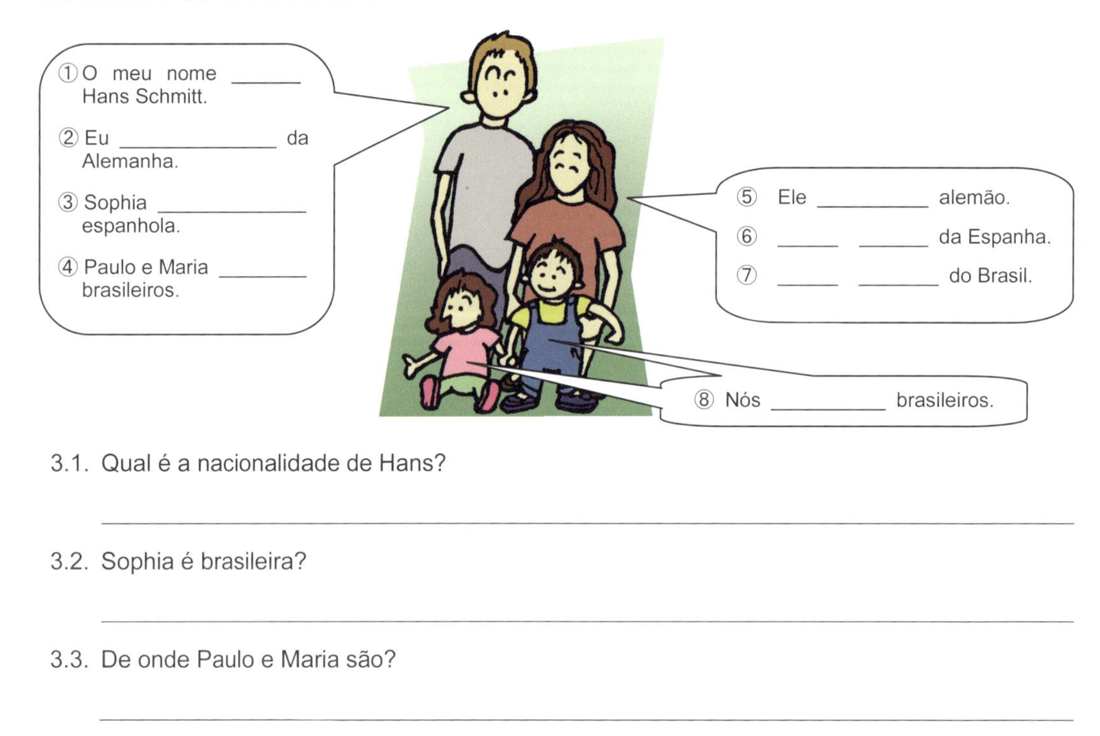

3.1. Qual é a nacionalidade de Hans?

____

3.2. Sophia é brasileira?

____

3.3. De onde Paulo e Maria são?

____

1. それぞれのイラストについて、主語に合った文を書きなさい。

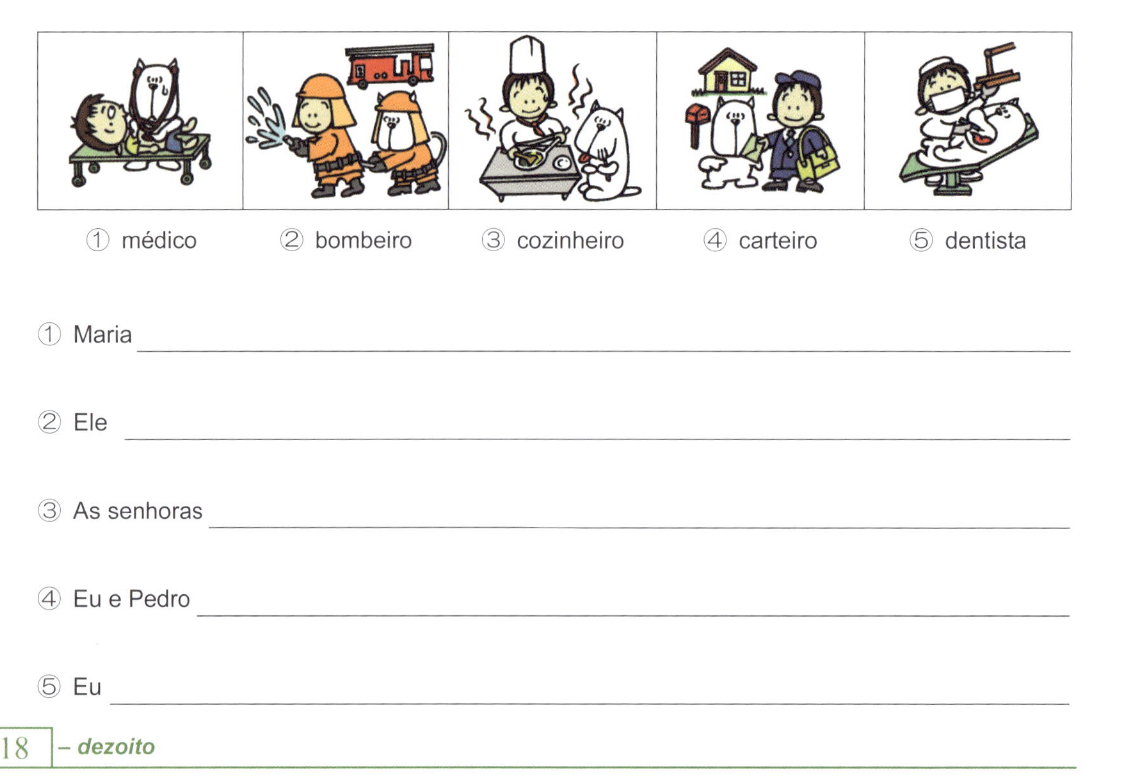

① Maria ____

② Ele ____

③ As senhoras ____

④ Eu e Pedro ____

⑤ Eu ____

2. 例にならって質問に答えなさい。

例： Você é professor? (estudante)
Não, eu não sou professor. Eu sou estudante.

2.1. Ela é vendedora? (dona de casa)

2.2. O senhor é bancário? (funcionário público)

2.3. Pedro é casado? (solteiro)

2.4. Maria e Paula são arquitetas? (engenheiras)

2.5. Os senhores são advogados? (bancários)

2.6. Vocês são viúvas? (divorciadas)

2.7. Você é médico? (enfermeiro)

3. 答えに対する質問を書きなさい。

3.1. ______
Eu sou estudante.

3.2. ______
Não, eles não são. Eles são advogados.

3.3. ______
Sim, Maria é solteira.

3.4. ______
Não, ele é funcionário da Mitsubishi.

3.5. ______
Não, eu não sou casado.

3.6. ______
Sim, nós somos enfermeiras.

3.7. ______
Não, nós somos professores.

4. 例にならってそれぞれの人物について文を書きなさい。

例：

氏名	João da Silva
性別	男
国籍	ブラジル
出身地	サンパウロ（São Paulo）
職業	歯科医
未婚・既婚の別	独身

João da Silva é brasileiro.
Ele é de São Paulo.
Ele é dentista.
Ele é solteiro.

4.1.

氏名	Gino Lombardi
性別	男
国籍	イタリア
出身地	ミラノ（Milão）
職業	弁護士
未婚・既婚の別	結婚している

4.2.

氏名	Takeo Suzuki
性別	男
国籍	日本人
出身地	名古屋（Nagoia）
職業	エンジニア
未婚・既婚の別	離婚している（再婚可）

4.3.

氏名	Ann Smith
性別	女
国籍	イギリス人
出身地	ロンドン（Londres）
職業	医者
未婚・既婚の別	離婚している（再婚不可）

4.4.

氏名	Maria da Conceição
性別	女
国籍	ブラジル
出身地	リオデジャネイロ（Rio de Janeiro）
職業	主婦
未婚・既婚の別	未亡人

4.5.

氏名	Mary Lynn
性別	女
国籍	アメリカ人
出身地	フロリダ（Flórida）
職業	銀行員
未婚・既婚の別	独身

4.6.

最初の文を
「私の名前は〇〇です」にし、
上記と同じパターンで
あなた自身について書きなさい。

LIÇÃO 3
第３課

PRONOMES DEMONSTRATIVOS E POSSESSIVOS
【 指示詞及び所有詞 】

3

Esta é a minha amiga Ana CD 12

Paulo: – Oi, Maria. Tudo bem?

Maria: – Tudo bem. E você?

Paulo: – Tudo bem.

Maria, esta é a minha amiga Ana.

Ana, esta é a minha amiga Maria.

Maria: – Oi, Ana, muito prazer.

Ana: – Oi, Maria, o prazer é meu.

Aquela moça é a namorada de João  CD 13

Fátima: – Quem é aquela moça ali?

Paulo: – Aquela moça é a namorada de João.

Fátima: – João, o seu primo?

Paulo: – Não, João, o irmão da Patrícia.

1. PRONOMES DEMONSTRATIVOS
指示詞  CD 14

ポルトガル語の指示詞は、日本語と同様、「指示されるもの」と「話し手・聞き手」との位置関係によって３通りあるが、ポルトガル語の場合はさらに指示される名詞の性・数によって一緒に変化するものと変化しないものとに分類することができる。

対象となるものとの位置関係	性・数の変化のある指示詞				性・数の変化のない指示詞
	男性形		女性形		
	単数形	複数形	単数形	複数形	
話し手に近い	este	estes	esta	estas	isto
聞き手に近い	esse	esses	essa	essas	isso
両者に遠い	aquele	aqueles	aquela	aquelas	aquilo

性・数の変化をする指示詞　este(s)/esse(s)/aquele(s), esta(s)/essa(s)/aquela(s)

「この本」という場合の「この」は、

① 他のものではなく「本」という、話し手と聞き手にとって既知のものについて語っている
② 当該の本は、話し手に近い場所にある「ここにあるこの本」を指している

このような場合には、指示されているもの（名詞）の性と数に一致した指示詞を、その名詞の前に用いる。形容詞の一種であるため、「指示形容詞」とも言われる。

例：
Esta caneta é japonesa. → **この**ペンは日本製です。
Esses carros são japoneses. → **それらの**車は日本製です。
Aquele livro é meu. → **あの**本は私のです。
Aquelas casas são minhas. → **あれらの**家は私のです。

また、単独でも用いることができる。
O meu carro é **este**. → 私の車は**これ**です。

指示代名詞　一度使われた名詞の繰り返しを避けるために名詞を伴わずに用いられたときは、指示代名詞となる。この場合も、省略した名詞に合わせて男・女・単・複に変化した指示詞を用いる。
例： Este carro é japonês e **aquele carro** é alemão.　（この車は日本製で、あの車はドイツ製です。）
↓
例： Este carro é japonês e **aquele** é alemão.　（この車は日本製で、**あれ**はドイツ製です。）

性・数の変化をしない指示詞　isto/isso/aquilo

「これは何ですか」と聞く場合の「これ」は、

① 話し手にとって不明な物体である（従って、その性も不明である）
② 当該の物体は、話し手に近い場所にある「ここにあるこの不明な物体」を指している

このような場合には、性・数の変化をしない指示詞を用いる。性・数の変化をしない他、常に名詞を伴わずに用いられるので、中性指示代名詞とも言われる。

例： O que é **isso**? → **それ**は何ですか？
Isto é um livro. → **これ**は一冊の本です。
Isto é uma caneta. → **これ**は一本のペンです。
Isto são flores. → **これ**は（複数の）花です。

中性指示代名詞は、性・数の変化をしないが、文のその他の要素は通常通り変化する。

また、事柄を指す場合や、多くのものをひっくるめて言うときにも用いられる。
例： **Isso** é ótimo! → **それ**は最高だ！

冠詞について

ポルトガル語では、すべての名詞は「男性名詞」か「女性名詞」かに分類され、基本的には冠詞と共に用いられる。冠詞は、名詞の前に置いて男性・女性や単数・複数などを表し、定冠詞と不定冠詞に分けられる。

定冠詞	
o	a
os	as

英語の "the" に当たり、既に話題にされた既知のものや特定されたものに付ける。男・女・単・複に対応する4つの形がある。

a casa　（既に話題に出た「その家」）
o livro de Maria　（他の本ではなく「マリアの（既に話題に出た）その本」）
os brasileiros　（既に話題に出た「それらのブラジル人男性たち」）

上記以外に、以下の場合にも定冠詞を付ける：

① 敬称・称号を表す名詞の前
o senhor（丁寧な言い方の「あなた」）/ **a** doutora Maria（マリア先生）

また、ブラジルでは、親密な間柄の人の名前の前にも定冠詞を付けることが多い。
a Maria　（マリア）　/　**o** João　（ジョアウン）

② 一般化した内容を表したい名詞の前
a humanidade（人類）　/　**a** pobreza（貧困）

③ 国名の前（例外あり）
o Brasil　（ブラジル）/　**os** Estados Unidos（アメリカ合衆国）

④ 単位を表す名詞の前（「...につき」の意味）
dez reais **o** quilo　（1 キロにつき 10 ヘアウ）

⑤ 先行する名詞の繰り返しを避けるために代名詞として用いられる場合
a população do Brasil e **a** do Japão　（ブラジルの人口と日本の人口）

定冠詞が付かない場合

◇ 国籍、職業、身分を表す名詞の前※
Ele é *alemão*.
Ele é *médico*.

◇ 科目・言語を表す名詞が目的語である場合
Eu estudo *português*.

◇ "casa"が「家」という意味で、それが主語のものである場合
Eu trabalho em *casa*.

※ ただし、形容した形で国籍や職業を表す場合は、不定冠詞が付く。（第 5 課、43 頁を参照）
Ele é um *alemão alto*.
Ele é um *médico pobre*.

不定冠詞	
um	uma

英語の "a/an" に当たり、初めて話題にされる不特定のものに付ける。
単数形のみ※。（名詞が複数の場合は、名詞のみ複数形になり、不定冠詞は消える。）

uma casa　（初めて話題に出る不特定の「一軒の家」、「ある家」）
um livro de Maria　（初めて話題に出る、マリアの「一冊の本」、「ある本」）
brasileiros　（初めて話題に出る不特定の「ブラジル人男性たち」）

そのほかに、特に感嘆文において、強調を示すこともある。
Eu estou com **uma** fome!　（私は本当におなかがすいている！）

※　複数形 "uns", "umas" は、 不定冠詞ではなく、次の特殊な意味合いで用いられる。

① 数詞の前で「およそ」「約」の意味を表す。（英語でいう "about"）
uns trinta anos（およそ 30 才）　／　**umas** dez páginas（約 10 ページ）

② 名詞の前で「いくつかの」の意味を表す（不定代名詞 alguns/algumas と同じ。第 12 課、109 頁を参照。）。（英語でいう "some"）
uns sonhos（いくつかの夢）／　**umas** crianças（何人かの子供）

指示詞と場所を表す副詞との関係

指示詞は場所を表す副詞と共に用いられることが多い。場所を表す副詞も、指示詞と同様、話し手や聞き手との位置関係によって決まる。

指示詞と場所を表す副詞との関係は、下記の表の通りである。

対象となるものとの位置関係	性・数の変化のある指示詞				性・数の変化のない指示詞		場所を表す副詞
	男性形		女性形				
	単数形	複数形	単数形	複数形			
話し手に近い	este	estes	esta	estas	isto	➔	**aqui**
聞き手に近い	esse	esses	essa	essas	isso	➔	**aí**
両者に遠い	aquele	aqueles	aquela	aquelas	aquilo	➔	**ali, lá**

例： - O que é isso **aí**?
- Isto **aqui** é um carro.
- Este carro **aqui** é japonês.
- Esse carro **aí** é italiano.
- Aquele carro **ali** é alemão.

AQUI （ここ） → 話し手に近い場所
AÍ （そこ） → 聞き手に近い場所
ALI （あそこ） → 話し手と聞き手の両方に遠い場所
LÁ （あそこ、向こう） → "ALI" よりも遠い場所

2. PRONOMES POSSESSIVOS
所有詞

ブラジルポルトガル語では、文法上の所有詞と口語的に使われる所有詞が混合している。

◎ 文法的には、所有者を表す人称代名詞と、所有するものに伴う所有形容詞は、右の通りである。

文法上（口語的には使われない）

所有者		所有形容詞			
		所有するものが男性名詞		所有するものが女性名詞	
		単数	複数	単数	複数
私	eu	meu	meus	minha	minhas
あなた	**tu**	**teu**	**teus**	**tua**	**tuas**
彼 彼女	ele ela	seu	seus	sua	suas
私たち	nós	nosso	nossos	nossa	nossas
あなたたち	**vós**	**vosso**	**vossos**	**vossa**	**vossas**
彼ら 彼女たち	eles elas	seu	seus	sua	suas

しかし、実際には

① 2人称の代名詞 "TU" と "VÓS" は、第2課でも触れたように（11頁を参照）、ブラジルではもはや使われることがなく、代わりに "VOCÊ" と "VOCÊS" を使う。意味上では2人称である "VOCÊ" は、文法上では3人称の扱いを受けるため、所有形容詞に関しても3人称の形 "SEU/SUA" を借りることになる。

② "VOCÊ" に対して3人称と同じ所有形容詞が使われると、"ELE/ELA" または "ELES/ELAS" が所有するものについて語るとき、所有者は "VOCÊ" であると誤解される。そこで、"ELE/ELA, ELES/ELAS" に対しては、所有形容詞を使わず、所有関係を表す前置詞 DE が一般的に使われるようになった。

③ 複数形 "VOCÊS" に対しても、単数形の "VOCÊ" と同じように考えれば、"ELES/ELAS" から形を借りればいいのだろうが、それは単数形の "ELE/ELA" の所有形容詞と全く同じであり、しかも既に "VOCÊ" に使われているため、複数形 "VOCÊS" に使うとさらに誤解を招くことになる。そこで、"VOCÊS" に対しても、所有形容詞を使わず、所有関係を表す前置詞 DE が一般的に使われるようになった。

よって、実際にポルトガル語で使われる所有形容詞は次の通りとなる：

こちらを覚えてください

所有者		所有形容詞・所有を表す前置詞 "DE" の使用			
		所有するものが男性名詞		所有するものが女性名詞	
		単数	複数	単数	複数
私	Eu	meu	meus	minha	minhas
あなた	Você	seu	seus	sua	suas
彼	Ele	(de + ele) = dele			
彼女	Ela	(de + ela) = dela			
私たち	Nós	nosso	nossos	nossa	nossas
あなたたち	Vocês	de vocês			
彼ら	Eles	(de + eles) = deles			
彼女たち	Elas	(de + elas) = delas			

※ 書き言葉や、所有者が誰なのかはっきりしているときは、"SEU/SUA, SEUS/SUAS" で「彼の・彼女の、彼らの・彼女たちの」という本来の意味で使われることがある。

例文：

O **meu** carro é japonês e o carro **dela** é alemão. → 私の車は日本製で、彼女の車はドイツ製です。
A **minha** bolsa é italiana e a bolsa **dela** é francesa. → 私のバッグはイタリア製で、彼女のバッグはフランス製です。

文における順番

前置詞 DE を使用した場合は、通常の順番ではなく、次のように名詞の後ろに来るので要注意。

	冠詞	所有形容詞	名詞（所有するもの）
通常の順番 ➔	O	MEU	CARRO

	冠詞	名詞（所有するもの）	前置詞 DE + 所有者
前置詞 DE が付く場合の順番 ➔	O	CARRO	DELA

ポルトガル語での所有関係の表し方は、2つのパターンに分けられ、それぞれに適用するルールが異なるため、パターン別に覚えた方がよい。

パターン 1

所有者が 私 / あなた / 私たち のいずれかである

ルール①
所有者に合った所有形容詞を使用する

所有者	所有形容詞			
	所有するものが男性名詞		所有するものが女性名詞	
	単数	複数	単数	複数
私	meu	meus	minha	minhas
あなた	seu	seus	sua	suas
私たち	nosso	nossos	nossa	nossas

ルール②
表記の順番は、

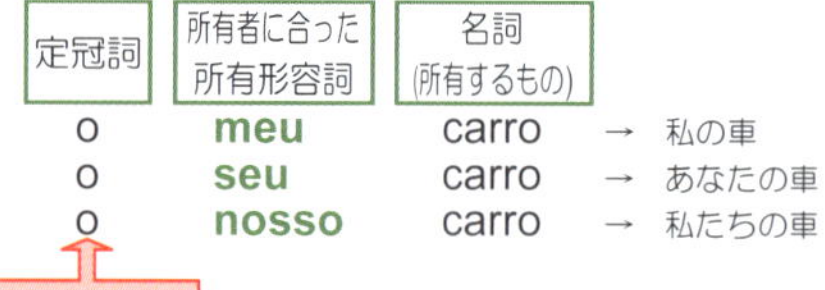

定冠詞	所有者に合った所有形容詞	名詞 (所有するもの)	
o	meu	carro	→ 私の車
o	seu	carro	→ あなたの車
o	nosso	carro	→ 私たちの車

省略可

ルール③
所有形容詞は、所有するものの性・数に合わせて変化する

o	meu	carro	→ 私の一台の車
os	meus	carros	→ 私の複数の車
a	minha	casa	→ 私の一軒の家
as	minhas	casas	→ 私の複数の家

o	seu	carro	→ あなたの一台の車
os	seus	carros	→ あなたの複数の車
a	sua	casa	→ あなたの一軒の家
as	suas	casas	→ あなたの複数の家

o	nosso	carro	→ 私たちの一台の車
os	nossos	carros	→ 私たちの複数の車
a	nossa	casa	→ 私たちの一軒の家
as	nossas	casas	→ 私たちの複数の家

パターン 2

所有者が 私 / あなた / 私たち 以外である

ルール①
所有関係を表す前置詞 "DE" を使用する

ルール②
表記の順番は、

定冠詞	名詞 (所有するもの)	前置詞 DE	所有者	
o	carro	de	Maria	→ マリアの車
o	carro	de	vocês	→ あなたたちの車
o	carro	de	ela	→ 彼女の車

de + ela = dela*

省略不可

* 前置詞 "DE" の後に、定冠詞・母音で始まる人称代名詞・指示詞が来る場合は、原則として結合される。

例えば、DE + ELE = DELE (彼の)
DE + ELA = DELA (彼女の)
DE + ELES = DELES (彼らの)
DE + ELAS = DELAS (彼女たちの)

ルール③
前置詞 "DE" を使用した場合は、所有するものの性・数に合わせて変化しない

o	carro	de Maria	→ マリアの一台の車
os	carros	de Maria	→ マリアの複数の車
a	casa	de Maria	→ マリアの一軒の家
as	casas	de Maria	→ マリアの複数の家

o	carro	de vocês	→ あなたたちの一台の車
os	carros	de vocês	→ あなたたちの複数の車
a	casa	de vocês	→ あなたたちの一軒の家
as	casas	de vocês	→ あなたたちの複数の家

o	carro	dela	→ 彼女の一台の車
os	carros	dela	→ 彼女の複数の車
a	casa	dela	→ 彼女の一軒の家
as	casas	dela	→ 彼女の複数の家

練習用

所有者	所有するもの(例)	用法
私 (eu)	o livro	o **MEU** livro
	os livros	os **MEUS** livros
	a caneta	a **MINHA** caneta
	as canetas	as **MINHAS** canetas
あなた (você)	o livro	o **SEU** livro
	os livros	os **SEUS** livros
	a caneta	a **SUA** caneta
	as canetas	as **SUAS** canetas
彼 (ele)	o livro	o livro **DELE**
	os livros	os livros **DELE**
	a caneta	a caneta **DELE**
	as canetas	as canetas **DELE**
彼女 (ela)	o livro	o livro **DELA**
	os livros	os livros **DELA**
	a caneta	a caneta **DELA**
	as canetas	as canetas **DELA**
私たち (nós)	o livro	o **NOSSO** livro
	os livros	os **NOSSOS** livros
	a caneta	a **NOSSA** caneta
	as canetas	as **NOSSAS** canetas
あなたたち (vocês)	o livro	o livro **DE VOCÊS**
	os livros	os livros **DE VOCÊS**
	a caneta	a caneta **DE VOCÊS**
	as canetas	as canetas **DE VOCÊS**
彼ら (eles)	o livro	o livro **DELES**
	os livros	os livros **DELES**
	a caneta	a caneta **DELES**
	as canetas	as canetas **DELES**
彼女たち (elas)	o livro	o livro **DELAS**
	os livros	os livros **DELAS**
	a caneta	a caneta **DELAS**
	as canetas	as canetas **DELAS**

① 英語と異なり、ポルトガル語では所有詞と所有格は同じ形を用いる

(o carro)
（車）

Este carro é **meu**. O **meu** carro é japonês.
This car is **mine**. **My** car is Japanese.
この車は**私の**です。**私の**車は日本製です。

(a bolsa)
（バッグ）

Esta bolsa é **dela**. A bolsa **dela** é italiana.
This handbag is **hers**. **Her** handbag is Italian.
このバッグは**彼女の**です。**彼女の**バッグはイタリア製です。

② 所有代名詞として使われる場合は、常に定冠詞を伴う

所有形容詞が名詞を伴わずに用いられた場合は、所有代名詞となり、一度使われた名詞の繰り返しを避けるために現れる。所有代名詞は、常に省略されている名詞の性・数に一致した定冠詞を伴う。

(o carro)
（車）

O meu carro é novo mas **o seu** (carro) é velho.
私の車は新しいが、**あなたの**（車）は古いです。

(a bolsa)
（バッグ）

As minhas bolsas são novas mas **as** (bolsas) **dela** são velhas.
私の（複数の）バッグは新しいが、**彼女の**（複数のバッグ）は古いです。

3. PALAVRAS E EXPRESSÕES 単語&表現

IDENTIFICANDO PESSOAS E OBJETOS（人や物を特定する）

① PERGUNTANDO O QUE É（何なのか聞くとき）

Takeshi: – O que é isso aí?
それは何ですか？

Ana: ① – Isto aqui é um maracujá.
これはパッションフルーツです。

② – **Eu acho que** isto é um maracujá.
これはパッションフルーツ**だと思います**。

③ – **Eu não sei** (o que é isto).
（これは何なのか）**分かりません**。

② PERGUNTANDO QUEM É（誰なのか聞くとき）

Paula: – Quem é ele?
彼は誰ですか？

Cláudio: – Ele é o meu sobrinho, filho da minha irmã mais velha.
彼は私の姉の息子で私の甥です。

③ PERGUNTANDO DE QUEM É（誰の物なのか聞くとき）

Maria: – De quem é aquele carro ali?
あの車は誰のですか？

José: – Aquele carro ali é meu.
あの車は私のです。

ALGUMAS FRUTAS BRASILEIRAS（ブラジルの果物）

(o) caju

(a) jaca

(a) jabuticaba

(o) maracujá

(a) pitanga

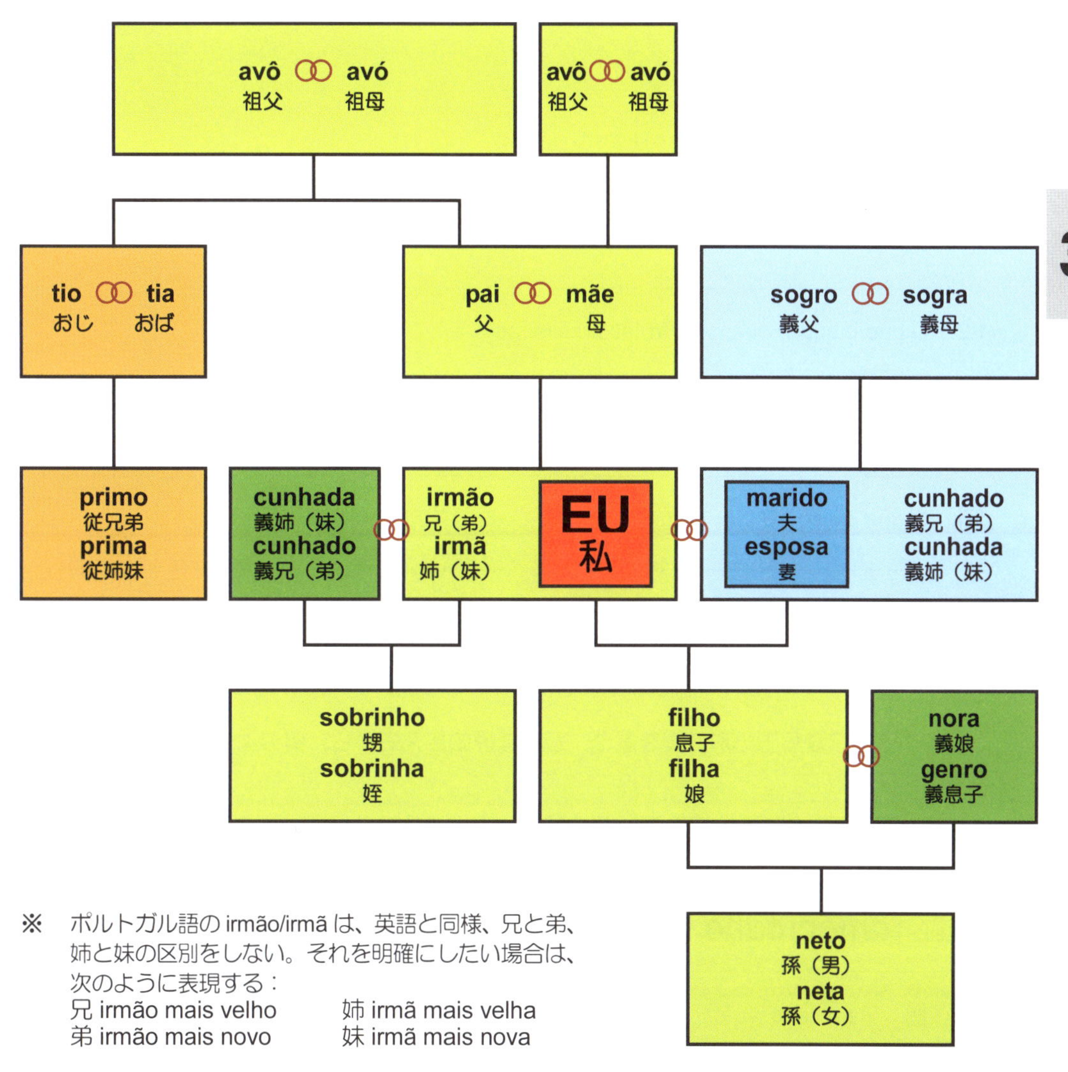

※ ポルトガル語の irmão/irmã は、英語と同様、兄と弟、姉と妹の区別をしない。それを明確にしたい場合は、次のように表現する：

兄 irmão mais velho　　姉 irmã mais velha
弟 irmão mais novo　　妹 irmã mais nova

赤ちゃん	→	(o) bebê*
子供	→	(a) criança*
大人	→	(o) adulto*
男の子	→	(o) menino
女の子	→	(a) menina
若い男性	→	(o) rapaz
若い女性	→	(a) moça
男性	→	(o) homem
女性	→	(a) mulher
友人	→	(o) amigo, (a) amiga
隣人	→	(o) vizinho, (a) vizinha
恋人	→	(o) namorado, (a) namorada
婚約者	→	(o) noivo, (a) noiva

* 性別にかかわらず、同じ形を用いる。

♂		♀		♂+♀
(o) avô	+	(a) avó	=	(os) avós*
(o) pai	+	(a) mãe	=	(os) pais
(o) irmão	+	(a) irmã	=	(os) irmãos
(o) filho	+	(a) filha	=	(os) filhos
(o) neto	+	(a) neta	=	(os) netos
(o) tio	+	(a) tia	=	(os) tios
(o) primo	+	(a) prima	=	(os) primos
(o) sobrinho	+	(a) sobrinha	=	(os) sobrinhos
(o) sogro	+	(a) sogra	=	(os) sogros
(o) cunhado	+	(a) cunhada	=	(os) cunhados

* avós のみは、女性形を複数にした形で祖父母の意味になるが、それ以外は男性形・複数形を用いる。いずれの場合でも、結果は常に男性形・複数形である。

EXERCÍCIOS

PARTE 1  CD 17

1. 例にならって質問に答えなさい。

例： O que é isto aqui? / (o) livro
Isso aí é um livro.

1.1. O que é isso aí? / (a) caneta

1.2. O que é aquilo ali? / frutas brasileiras

1.3. O que é isto aqui? / (a) loja de brinquedos

1.4. O que é isso aí? / cartas

1.5. O que é aquilo lá? / (o) presente

2. 下記のボックスから国の形容詞を選び、適切な形に変えてから、例のように指示形容詞を使った文を作りなさい。

alemão	brasileiro	italiano	japonês
americano	suíço	inglês	francês

例： (a) casa *Esta casa é alemã.*

話し手に近い場合

2.1. (o) carro

2.2. (as) bolsas

2.3. (a) bicicleta

2.4. (os) telefones

聞き手に近い場合

2.5. (a) cadeira

2.6. (o) sofá

2.7. (os) carros

2.8. (as) canetas

話し手と聞き手の両方に遠い場合

2.9. (o) relógio ______

2.10. (os) livros ______

2.11. (a) caneta ______

2.12. (as) bicicletas ______

PARTE 2

1. 例にならって、所有関係を表しなさい。

例： eu / o livro
O meu livro

1.1. nós / as casas ______

1.2. você / os livros ______

1.3. eu / a caneta ______

1.4. ele / as casas ______

1.5. ele / o telefone ______

1.6. Hiroko / os cadernos ______

1.7. eu / os primos ______

1.8. eles / as amigas ______

2. ソアレス一家の家系図に基づいて、かっこ内の人物との関係を答えなさい。

A família Soares

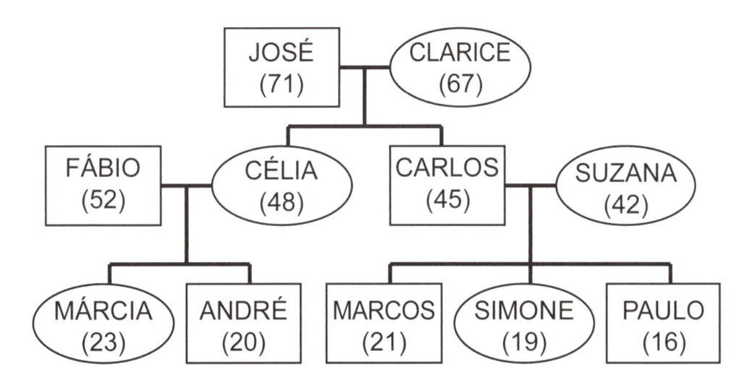

□ = 男性
○ = 女性
( ) = 年齢

2.1. Quem é Suzana? (Paulo)

______

2.2. Quem é Carlos? (Suzana)

______

2.3. Quem é Paulo? (Simone)

______

2.4. Quem é Fábio? (Carlos)

______

3. 例にならって、2段階に分けて所有関係を書きなさい。

例： あなたのお母さんの車
[a sua mãe]
o carro da sua mãe

3.1. 彼のお母さんの複数のペン

3.2. 彼女のお父さんの家

3.3. あなたの先生（男性）の複数の本

3.4. 彼らの弟の車

3.5. あなたたちの友達（女性）の家

3.6. タケシの息子の名前

3.7. 私の妹の電話

3.8. 私たちの先生（女性）のペン

3.9. 私の友達（男性・複数）のご両親

3.10. あなたのお兄さんのノート

4. 例にならって家族関係を書きなさい。

例： O marido da minha tia é o meu tio.

4.1. A mãe do meu marido ______.

4.2. Os irmãos da minha esposa ______.

4.3. As filhas da minha irmã ______.

4.4. Os pais da minha mãe ______.

4.5. A esposa do meu filho ______.

4.6. Os filhos da irmã do meu pai ______.

1. 例にならって次の質問に答えなさい： ① O que é ...? ② De quem é ... ? / De quem são ... ?

例： (a) caneta（私のお父さん） ① *Isto aqui é uma caneta.* ② *Esta caneta é do meu pai.*

話し手に近い場合

1.1. (a) casa（彼のお母さん） ① ____ ② ____

1.2. (o) carro（あなた） ① ____ ② ____

聞き手に近い場合

1.3. (os) livros（あなたの友達）（男性） ① ____ ② ____

1.4. (a) bicicleta（彼女の恋人） ① ____ ② ____

両方に遠い場合

1.5. (as) canetas（私の母） ① ____ ② ____

1.6. (o) guarda-chuva（私たちの先生）（女性） ① ____ ② ____

2. 下のワク内から単語を選び、空白を埋めて文を完成させなさい。（各単語は１回しか使えない。最終的には２個の単語が残る。）

estas canetas estes tias alemães carros japonesas minha livro bicicleta mãe meu

2.1. Este ____①____ não é ____②____.

2.2. Estes ____③____ são ____④____.

2.3. ____⑤____ ____⑥____ são da ____⑦____ ____⑧____.

2.4. As minhas ____⑨____ não são ____⑩____.

3. ポルトガル語に訳しなさい。

3.1. あなたのお母さんの名前は何ですか？

____

3.2. あなたたちの先生（女性）の国籍は何ですか？

____

3.3. 彼女のお父さんの職業は何ですか？

____

3.4. 彼のご両親はどこの出身ですか？

____

3.5. 彼らのお姉さんは独身ですか？

____

4. 辞書を引いて単語を調べたのち、例にならって次の人物について文を書きなさい。

例：

pai
José
escritório / grande
secretária / bonita
carro / pequeno

Este é o meu pai.
O nome dele é José.
O escritório dele é grande.
A secretária dele é bonita.
O carro dele é pequeno.

①	②	③
amigo	professora	primas
Carlos	Célia	Ana e Márcia
apartamento / bonito	apartamento / pequeno	casa / pequena
carro / grande	mãe / empregada doméstica	pais / professores
namorada / estudante	filhos / pequenos	namorado / bonito

① ______________________________

② ______________________________

③ ______________________________

LIÇÃO 4
第 4 課

NUMERAIS E A FORMAÇÃO DE PLURAL
【 数詞及び複数形の作り方 】

4

Um dois, feijão com arroz...  CD 20

Um, dois, feijão com arroz
Três, quatro, feijão no prato
Cinco, seis, molho inglês
Sete, oito, comer biscoito
Nove, dez, comer pastéis

1. NUMERAIS
数詞

NUMERAIS CARDINAIS（基数）  CD 21

（かっこ内は女性形を表す）

1	um (uma)	11	onze	21	vinte e um (uma)	101	cento e um (uma)
2	dois (duas)	12	doze	22	vinte e dois (duas)	102	cento e dois (duas)
3	três	13	treze	30	trinta	200	duzentos (duzentas)
4	quatro	14	quatorze / catorze	40	quarenta	300	trezentos (trezentas)
5	cinco	15	quinze	50	cinquenta	400	quatrocentos (quatrocentas)
6	seis	16	dezesseis	60	sessenta	500	quinhentos (quinhentas)
7	sete	17	dezessete	70	setenta	600	seiscentos (seiscentas)
8	oito	18	dezoito	80	oitenta	700	setecentos (setecentas)
9	nove	19	dezenove	90	noventa	800	oitocentos (oitocentas)
10	dez	20	vinte	100	cem	900	novecentos (novecentas)

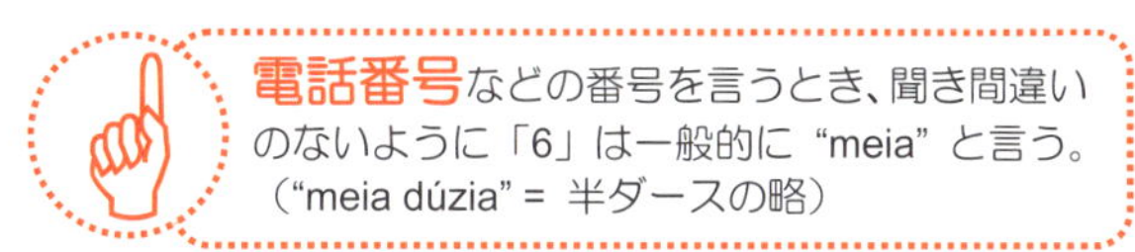

電話番号などの番号を言うとき、聞き間違いのないように「6」は一般的に "meia" と言う。
（"meia dúzia" = 半ダースの略）

0	zero
10	dez
100	cem
1.000	mil
10.000	dez mil
100.000	cem mil
1.000.000	um milhão
10.000.000	dez milhões
100.000.000	cem milhões
1.000.000.000	um bilhão

※1）1と2（11と12を除いて、最後に1か2が付く場合を含む）及び200～900には、男性形と女性形がある。普通に数える場合は男性形を使い、名詞と共に使う場合は、その名詞の性に合わせる。

例：　**um** livro → 一冊の本　（livro = 男性名詞）

　　　uma casa → 一軒の家　（casa = 女性名詞）

※2）日本では各単位を区切るのにコンマ「,」を、そして小数点以下を表すのにピリオド「.」を使うが、ブラジルではその逆である。つまり、ピリオドで単位を区切り、コンマで小数点以下を表す。

例：　日本での表記 → 1,870,500.50

　　　ブラジルでの表記 → 1.870.500,50

※3）ポルトガル語の数字の基本的な仕組みは英語と同じで、3桁単位で区切り、万という単位がない（10千のように言う）。なお、数字を読む（または書く）ときは、3桁と3桁の間にポーズ（コンマ）を入れ、ひとつの3桁の各桁の間は接続詞 "e" でつなげる。

例：1 2 3 . 4 5 6 = cento e vinte e três mil, quatrocentos e cinquenta e seis

（1 e 2 e 3 → 3桁 , 4 e 5 e 6 → 3桁）

例外①　3桁の最初の桁が "0" である場合は、直前の3桁との間に接続詞 "e" を入れる。

1 2 3 . 0 5 6 = cento e vinte e três mil e cinquenta e seis

（1 e 2 e 3 → 3桁 e 0 5 e 6 → 3桁）

例外②　3桁の数字が一語で表現される場合は、直前の3桁との間に接続詞 "e" を入れる。

1 2 3 . 2 0 0 = cento e vinte e três mil e duzentos

（1 e 2 e 3 → 3桁 e 2 0 0 → 3桁=一語）

NUMERAIS ORDINAIS（序数）

CD 22

（かっこ内は女性形を表す）

1位	primeiro (primeira)	11位	décimo-primeiro (décima-primeira)
2位	segundo (segunda)	20位	vigésimo (vigésima)
3位	terceiro (terceira)	30位	trigésimo (trigésima)
4位	quarto (quarta)	40位	quadragésimo (quadragésima)
5位	quinto (quinta)	50位	quinquagésimo (quinquagésima)
6位	sexto (sexta)	60位	sexagésimo (sexagésima)
7位	sétimo (sétima)	70位	septuagésimo (septuagésima)
8位	oitavo (oitava)	80位	octogésimo (octogésima)
9位	nono (nona)	90位	nonagésimo (nonagésima)
10位	décimo (décima)	100位	centésimo (centésima)

表記の仕方：

ポルトガル語で序数を表すのに、数字の後に、男性形の場合は小さい "o" を、女性形の場合は小さい "a" を書く。

1º　2º　3º …

1ª　2ª　3ª …

上記のように表記できない場合は、通常の "o" または "a" の後ろにピリオッドでもよい。

1o.　2o.　3o. - 1a.　2a.　3a.

※1）　11位以上の序数は一般的にあまり使われることがない。

※2）　序数がよく用いられるのは、次の場合である。

- 定期的なイベントの表現 → **8ª** Maratona de Tóquio.（第8回東京マラソン）
- レースなどの順位 → Ayrton Senna é o **primeiro** colocado.（アイルトン・セーナは一位です。）
- ビルの各階の表現 → Maria mora no **5º** andar.（マリアは6階に住んでいます。）

日本での1階は、ブラジルでは o térreo であり、
日本での2階は、ブラジルでの1階になる。

2. DATAS
日付の表現　CD 23

OS DIAS DA SEMANA 曜日	
日曜日	(o) domingo
月曜日	(a) segunda-feira
火曜日	(a) terça-feira
水曜日	(a) quarta-feira
木曜日	(a) quinta-feira
金曜日	(a) sexta-feira
土曜日	(o) sábado

OS MESES DO ANO 月			
1月	janeiro	7月	julho
2月	fevereiro	8月	agosto
3月	março	9月	setembro
4月	abril	10月	outubro
5月	maio	11月	novembro
6月	junho	12月	dezembro

※1）　ポルトガル語の曜日及び月名は、英語と異なり、すべて小文字で表記する。

※2）　ポルトガル語の日付は、日・月・年　の順で表記し、それぞれを前置詞 “DE” でつなげる。西暦の数字は、英語のように2桁に区切らず、そのまま読む。

例：　20　de　janeiro　de　2005
(vinte de janeiro de dois mil e cinco)

※3）　日付の表現には原則として前置詞 “**EM**” を用いる。

例：　O Natal é **no** dia 25 de dezembro.　→ クリスマスは 12 月 25 日です。
O Dia das Mães é **no** 2º domingo de maio.→ 母の日は5月の第2日曜日です。
O meu aniversário é **nesta** segunda-feira. → 私の誕生日は今度の月曜日です。

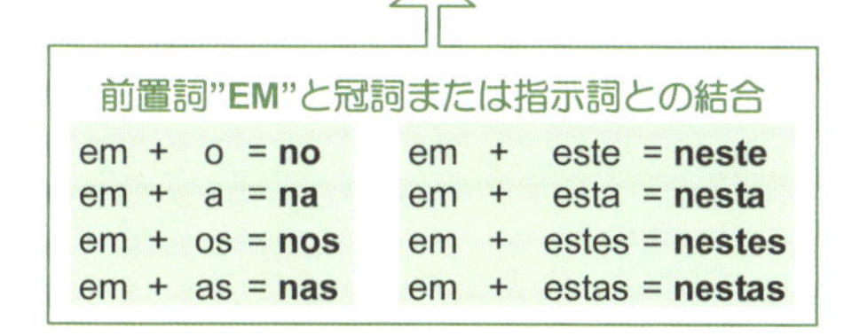

前置詞"EM"と冠詞または指示詞との結合

em	+	o	= **no**		em	+	este	= **neste**
em	+	a	= **na**		em	+	esta	= **nesta**
em	+	os	= **nos**		em	+	estes	= **nestes**
em	+	as	= **nas**		em	+	estas	= **nestas**

AS ESTAÇÕES DO ANO 季節	
春	(a) primavera
夏	(o) verão
秋	(o) outono
冬	(o) inverno

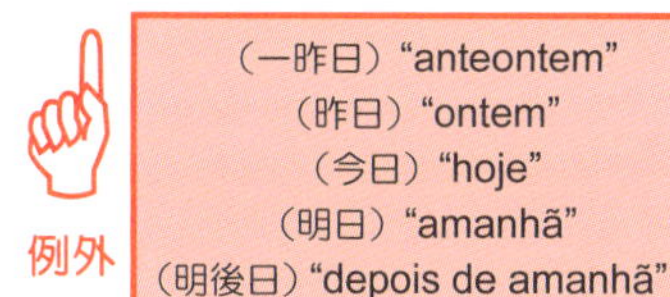

左記の副詞を伴った表現は、前置詞 “EM” を用いない。

O Natal é <u>hoje</u>. → クリスマスは今日です。
O Dia das Mães é <u>amanhã</u>. → 母の日は明日です。
O meu aniversário é <u>depois de amanhã</u>. → 私の誕生日は明後日です。

発 展

OS 12 SIGNOS DO ZODÍACO 星座			
(21/03 – 19/04)	おひつじ座	→	**áries**
(20/04 – 20/05)	おうし座	→	**touro**
(21/05 – 21/06)	ふたご座	→	**gêmeos**
(22/06 – 22/07)	かに座	→	**câncer**
(23/07 – 22/08)	しし座	→	**leão**
(23/08 – 22/09)	おとめ座	→	**virgem**
(23/09 – 22/10)	てんびん座	→	**libra**
(23/10 – 21/11)	さそり座	→	**escorpião**
(22/11 – 21/12)	いて座	→	**sagitário**
(22/12 – 19/01)	やぎ座	→	**capricórnio**
(20/01 – 18/02)	みずがめ座	→	**aquário**
(19/02 – 20/03)	うお座	→	**peixes**

使用例：　– Qual é o seu signo? / De que signo você é?
– Eu sou de leão.

3. FORMAÇÃO DO PLURAL
複数形の作り方

ポルトガル語の複数形の作り方は以下のルールに従う。

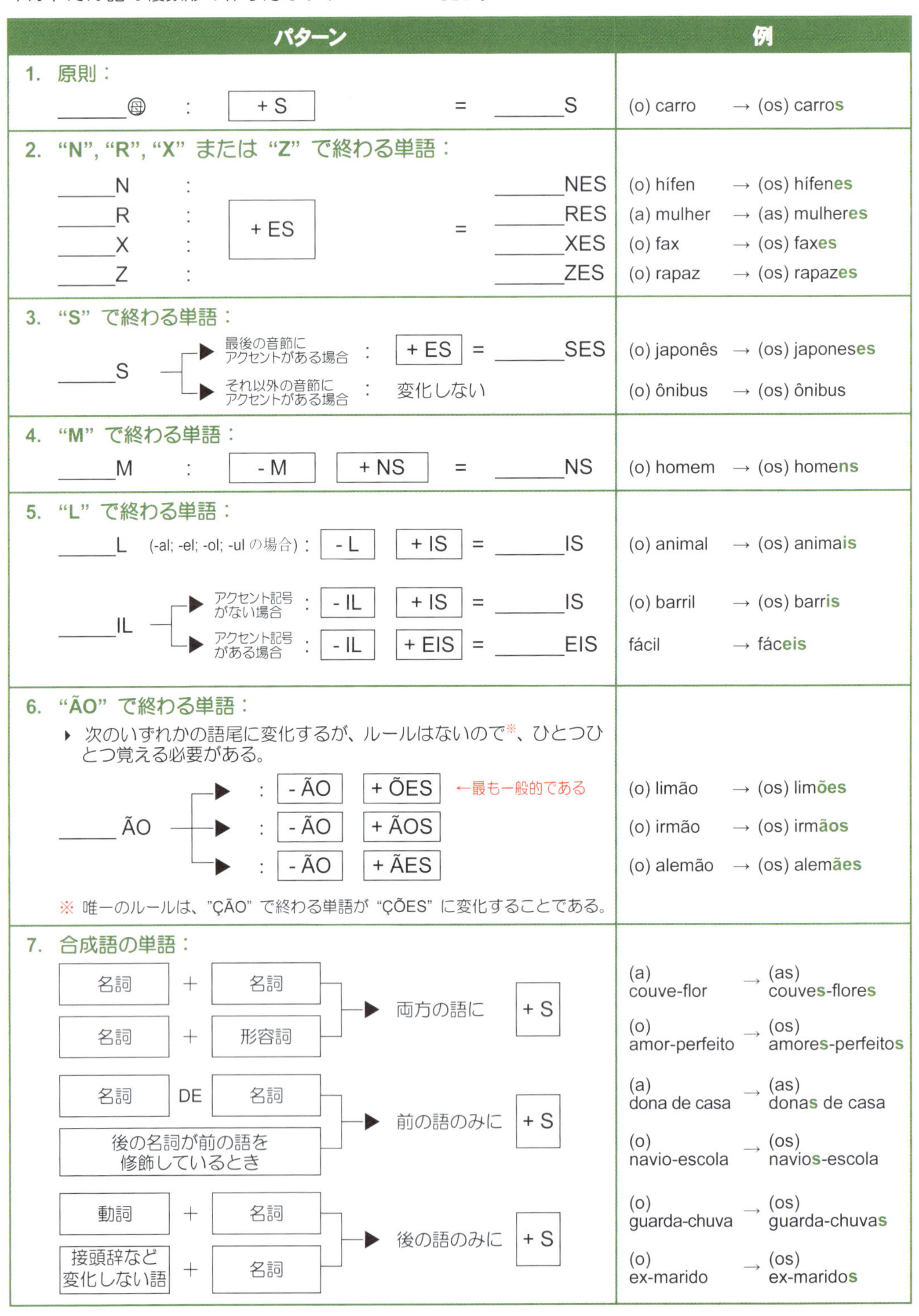

パターン	例
1. 原則：	
＿＿(母) : + S = ＿＿S	(o) carro → (os) carros
2. “N”, “R”, “X” または “Z” で終わる単語：	
＿＿N : + ES = ＿＿NES	(o) hífen → (os) hífenes
＿＿R : + ES = ＿＿RES	(a) mulher → (as) mulheres
＿＿X : + ES = ＿＿XES	(o) fax → (os) faxes
＿＿Z : + ES = ＿＿ZES	(o) rapaz → (os) rapazes
3. “S” で終わる単語：	
＿＿S ▶ 最後の音節にアクセントがある場合 : + ES = ＿＿SES	(o) japonês → (os) japoneses
＿＿S ▶ それ以外の音節にアクセントがある場合 : 変化しない	(o) ônibus → (os) ônibus
4. “M” で終わる単語：	
＿＿M : - M + NS = ＿＿NS	(o) homem → (os) homens
5. “L” で終わる単語：	
＿＿L (-al; -el; -ol; -ul の場合) : - L + IS = ＿＿IS	(o) animal → (os) animais
＿＿IL ▶ アクセント記号がない場合 : - IL + IS = ＿＿IS	(o) barril → (os) barris
＿＿IL ▶ アクセント記号がある場合 : - IL + EIS = ＿＿EIS	fácil → fáceis
6. “ÃO” で終わる単語：	
▸ 次のいずれかの語尾に変化するが、ルールはないので※、ひとつひとつ覚える必要がある。	
＿＿ÃO ▶ : - ÃO + ÕES ←最も一般的である	(o) limão → (os) limões
＿＿ÃO ▶ : - ÃO + ÃOS	(o) irmão → (os) irmãos
＿＿ÃO ▶ : - ÃO + ÃES	(o) alemão → (os) alemães
※ 唯一のルールは、”ÇÃO” で終わる単語が “ÇÕES” に変化することである。	
7. 合成語の単語：	
名詞 ＋ 名詞 ▶ 両方の語に + S	(a) couve-flor → (as) couves-flores
名詞 ＋ 形容詞 ▶ 両方の語に + S	(o) amor-perfeito → (os) amores-perfeitos
名詞 DE 名詞 ▶ 前の語のみに + S	(a) dona de casa → (as) donas de casa
後の名詞が前の語を修飾しているとき ▶ 前の語のみに + S	(o) navio-escola → (os) navios-escola
動詞 ＋ 名詞 ▶ 後の語のみに + S	(o) guarda-chuva → (os) guarda-chuvas
接頭辞など変化しない語 ＋ 名詞 ▶ 後の語のみに + S	(o) ex-marido → (os) ex-maridos

4. EXPRESSÕES 表現

CD 24

EXPRESSÕES COM NÚMEROS E DATAS（数字や日付を伴う表現）

日	→	(o) dia
曜日	→	(o) dia da semana
週	→	(a) semana
月	→	(o) mês
年	→	(o) ano

① PERGUNTANDO O DIA（日にちを聞くとき）

Paulo:	– Que dia é hoje? 今日は何日ですか？
Ana:	– Hoje é dia 15 de março. 今日は3月15日です。

② PERGUNTANDO O DIA DA SEMANA（曜日を聞くとき）

Beatriz:	– Que dia da semana é hoje? 今日は何曜日ですか？
João:	– Hoje é sábado. 今日は土曜日です。

③ PERGUNTANDO O ANIVERSÁRIO（誕生日を聞くとき）

Paula:	– Quando é o seu aniversário? あなたの誕生日はいつですか？
Cláudio:	– O meu aniversário é no dia 5 de dezembro. 私の誕生日は12月5日です。

④ PERGUNTANDO O NÚMERO DO TELEFONE（電話番号を聞くとき）

Maria:	– Qual é o número do seu telefone? あなたの電話番号は何ですか？
José:	– O número do meu telefone é três-dois-um-quatro, cinco-meia-nove-zero 私の電話番号は3214-5690です。

o calendário

EXERCÍCIOS

1. 下の物を数えなさい（数詞は文字で書きなさい）。

1.1. (a) casa

____

1.2. (o) caderno

____

1.3. (o) livro

____

1.4. (o) lápis

____

1.5. (o) limão

____

1.6. (a) caneta

____

2. 数字を文字で書きなさい。

① 46 ______________________________

② 100 ______________________________

③ 537 ______________________________

④ 1.075 ______________________________

⑤ 49.700 ______________________________

3. 下線の部分を複数形にし、それに合わせて文全体を書き直しなさい。

3.1. Aquele <u>homem</u> é amigo do meu pai.

____

3.2. O meu <u>irmão</u> mais velho é professor de inglês.

____

3.3. O <u>professor</u> de português da minha irmã é português.

____

3.4. Esse <u>livro</u> é da minha universidade.

____

3.5. O meu <u>anel</u> é japonês.

____

4. 質問に答えなさい。

4.1. Qual é o número do seu telefone?

____

4.2. Que dia é hoje?

____

4.3. Quando é o seu aniversário?

____

4.4. Quando é o aniversário da sua mãe?

____

4.5. Quando é o Dia das Crianças no Japão?

____

LIÇÃO 5
第 5 課

ADJETIVOS
【 形容詞 】

Como você é alto! 

Sônia: – Como você é alto! Os seus pais também são altos?
Paulo: – O meu pai é alto mas a minha mãe é baixa.
Sônia: – E as suas irmãs, elas são altas ou baixas?
Paulo: – Elas também são altas.
Sônia: – Então na sua família só a sua mãe é baixa?
Paulo: – É, ela é a única baixa da família.

5

1. **ADJETIVOS**
形容詞

ポルトガル語では名詞だけが性・数の変化をするのではなく、その名詞を修飾する形容詞もそれに合わせて性・数の変化をし、原則として、男性形・女性形、単数形・複数形の４つの形をもつ。

形容詞の位置

形容詞は、通常、修飾する名詞の後ろに来る。

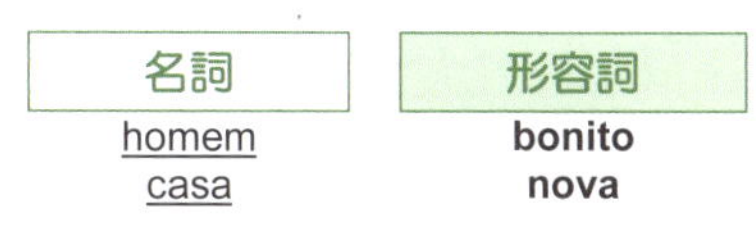

名詞	形容詞
homem	**bonito**
casa	**nova**

※１　形容詞が修飾する名詞の前に現れる場合もある。
例えば、下記のような挨拶の表現では、形容詞を名詞の前に置くことが一般的である。
Bom dia（良い日　＝「おはよう」）
Feliz Natal（幸せなクリスマス　＝「メリークリスマス」）
Feliz Aniversário（幸せな誕生日 ＝「お誕生日おめでとう」）

次の形容詞 は、名詞の前にも後ろにも来ることができ、後置されると本来の意味を表し、前置されると意味が拡大・抽象化する傾向がある。

o homem grande（体格が大きい男性）	⇔	o grande homem（偉大な男性）
a mulher pobre（貧しい女性）	⇔	a pobre mulher（不幸な女性）
o médico bom（心の優しい医者）	⇔	o bom médico（腕のいい医者）
o professor novo（若い先生・新任の先生）	⇔	o novo professor（新任の先生）

※２　形容詞が述語として現れる場合は、名詞と形容詞との間に動詞が来る。
この場合も、修飾している名詞（主語）に合わせて性・数の変化をする。
O homem é **bonito**.　→　その男性は格好いいです。
A casa é **nova**.　→　その家は新しいです。

形容詞の変化　性・数の変化

形容詞は、その語末によって４つのグループに分けることができ、それぞれの変化パターンは下記の通りである。

① __o で終わる形容詞

- 語末の**__o** を **__a** に変えて、女性形ができる。
- 複数形の作り方は、第 4 課で習ったルールに従う（38 頁を参照）。

例１）**"novo"**（新しい）

男性形	女性形
o carro **novo**	a casa **nova**
os carros **novos**	as casas **novas**
（新しい車）	（新しい家）

例２）**"bonito"**（美しい）

男性形	女性形
o homem **bonito**	a mulher **bonita**
os homens **bonitos**	as mulheres **bonitas**
（美しい男性）	（美しい女性）

② __u, __or, __ês で終わる形容詞

- 語末の**__u, __or, __ês** のままの形に **"a"** を加えて、女性形ができる。
- 複数形の作り方は、第 4 課で習ったルールに従う（38 頁を参照）。

例１）**"sonhador"**（夢想家の）

男性形	女性形
o homem **sonhador**	a mulher **sonhadora**
os homens **sonhadores**	as mulheres **sonhadoras**
（夢を見る男性）	（夢を見る女性）

例２）**"japonês"**（日本の）

男性形	女性形
o homem **japonês**	a mulher **japonesa**
os homens **japoneses**	as mulheres **japonesas**
（日本の男性）	（日本の女性）

③ __ão で終わる形容詞

- 語末の**__ão** を **__ã** または **__ona** に変えて（語による）、女性形ができる。
- 複数形の作り方は、第 4 課で習ったルールに従う（38 頁を参照）。

例１）**"chorão"**（泣き虫の）

男性形	女性形
o menino **chorão**	a menina **chorona**
os meninos **chorões**	as meninas **choronas**
（泣き虫の男の子）	（泣き虫の女の子）

例２）**"são"**（健康な）

男性形	女性形
o menino **são**	a menina **sã**
os meninos **sãos**	as meninas **sãs**
（健康な男の子）	（健康な女の子）

④ __a, __e, __l, __m, __r, __s, __z で終わる形容詞

- __a, __e, __l, __m, __r, __s, __z で終わる形容詞は男性形・女性形共通である。
- 複数形の作り方は、第 4 課で習ったルールに従う（38 頁を参照）。

例１）**"grande"**（大きい）

男性形	女性形
o carro **grande**	a casa **grande**
os carros **grandes**	as casas **grandes**
（大きい車）	（大きい家）

例２）**"feliz"**（幸せな）

男性形	女性形
o homem **feliz**	a mulher **feliz**
os homens **felizes**	as mulheres **felizes**
（幸せな男性）	（幸せな女性）

不規則な変化をする形容詞

次の２つの形容詞は不規則な変化をするので、要注意。

"bom"（良い）

男性形	女性形
o menino **bom**	a menina **boa**
os meninos **bons**	as meninas **boas**
（良い男の子）	（良い女の子）

"mau"（悪い）

男性形	女性形
o menino **mau**	a menina **má**
os meninos **maus**	as meninas **más**
（悪い男の子）	（悪い女の子）

形容詞を伴った国籍や職業の表現　不定冠詞の利用

第 2 課で習ったように（13 頁を参照）、ポルトガル語で国籍や職業を言う場合は冠詞を伴わないが、形容詞などで修飾されている形で表現する場合は、常に不定冠詞を付ける必要がある。

通常は、		形容詞を伴う場合
Eu sou brasileiro. 私はブラジル人です。 Ela é advogada. 彼女は弁護士です。	しかし	Eu sou **um** brasileiro **alegre**. 私は明るいブラジル人です。 Ela é **uma** advogada **famosa**. 彼女は有名な弁護士です。

※　複数形の場合は、不定冠詞は消える。
Elas são advogadas famosas.

2.　ADJETIVOS PÁTRIOS
国の形容詞

第 2 課で習ったように（13 頁を参照）、国を表す形容詞は、修飾する名詞によって性・数の変化をし、人に関しては国籍を、それ以外に関してはその国のものであることを表す。

例えば、　日本の形容詞は、"japonês" であり、修飾する名詞によって以下のように変化する。（変化の基準については、42 頁を参照。）

O meu amigo **japonês** é médico.　→　私の**日本人の**友達は医者です。

Os carros **japoneses** são bons.　→　**日本製の**車はいいです。

A cultura **japonesa** é milenar.　→　**日本の**文化は千年ものです。

As casas **japonesas** são bonitas.　→　**日本の**家は美しいです。

また、国の形容詞は、**その国の言語**を表す名詞としても用いられる。
この場合は、常に男性・単数形を用いる。

例えば、
A minha professora de **português** é brasileira.
私のポルトガル語の先生（女性）はブラジル人です。

英語	→	inglês
スペイン語	→	espanhol
ドイツ語	→	alemão
日本語	→	japonês
フランス語	→	francês
ポルトガル語	→	português
ロシア語	→	russo

※ ブラジルやアメリカのように、元植民地であり、入植国の言語を用いる国の場合は、入植国の言語がそれらの国の言語となるので要注意。

なお、国の形容詞一覧は、巻末にある Apêndice I（付録 I）を参照（113 頁以降）。

3. **ADJETIVOS OPOSTOS**
対応する形容詞

alto ⇔ baixo
（背が）高い ⇔ 低い

gordo ⇔ magro
太っている ⇔ やせている

jovem / novo ⇔ velho
若い ⇔ 年老いた

bonito ⇔ feio
美しい・格好良い ⇔ 醜い・格好悪い

grande ⇔ pequeno
大きい ⇔ 小さい

grosso ⇔ fino
厚い・太い ⇔ 薄い・細い

largo ⇔ estreito
（幅が）広い ⇔ 狭い

comprido ⇔ curto
長い ⇔ 短い

caro ⇔ barato
（値段が）高い ⇔ 安い

novo ⇔ velho
新しい ⇔ 古い

forte ⇔ fraco
強い ⇔ 弱い

pesado ⇔ leve
重い ⇔ 軽い

feliz ⇔ infeliz
幸せな ⇔ 不幸な

alegre ⇔ triste
嬉しい・明るい ⇔ 悲しい・暗い

gostoso ⇔ ruim
おいしい ⇔ まずい

bom ⇔ ruim/mau
良い ⇔ 悪い

rico ⇔ pobre
裕福な ⇔ 貧乏な

claro ⇔ escuro
（照明が）明るい ⇔ 暗い
（色が）薄い ⇔ 濃い

limpo ⇔ sujo
きれいな ⇔ よごれた

macio ⇔ duro
柔らかい ⇔ 堅い

使用例：
- Os seus pais são **altos** ou **baixos**?
  あなたのご両親は背が高いですか、それとも、背が低いですか？
- O meu pai é **alto** mas a minha mãe é **baixa**.
  私の父は背が高いが、私の母は背が低いです。
- Maria é **pobre** mas **feliz**.
  マリアは貧乏だけど幸せです。
- Pedro é **rico** mas **infeliz**.
  ペドロは金持ちだけど不幸です。

4. CORES
色を表す形容詞

色を表す名詞は、形容詞として用いることもできる。その場合、修飾する名詞に合わせて原則として性・数の変化をする。

	単数形		複数形	
	男性形	女性形	男性形	女性形
白	branco	branca	brancos	brancas
黒	preto	preta	pretos	pretas
黄色	amarelo*	amarela*	amarelos*	amarelas*
赤	vermelho**	vermelha**	vermelhos**	vermelhas**
紫	roxo	roxa	roxos	roxas
青	azul		azuis	
緑	verde		verdes	
ベージュ	bege		beges	
茶色	marrom***		marrons***	
グレー	cinza			
オレンジ	cor de laranja			
ピンク	cor de rosa			

* 髪の色を表す場合は、louro(s) という。
** 髪の色を表す場合は、ruivo(s) という。
*** 目や髪の色を表す場合は、castanho(s) という。

薄い〜・濃い〜

"CLARO" と "ESCURO" と組み合わせることによって、薄い〜・濃い〜の表現ができる。この場合、"CLARO" と "ESCURO" だけが性・数の変化をする。

例：a blusa vermelho-**escura** → 濃い赤のブラウス（単）
as blusas azul-**claras** → 薄い青のブラウス（複）

使用例
- **De que cor** são os seus cabelos?
  あなたの髪は何色ですか？
- Os meus cabelos são **pretos**.
  私の髪は黒です。

EXERCÍCIOS

1. 例にならって対応する形容詞で文を作りなさい。

例: マリア／美しい（私）
Maria é bonita mas eu sou feio.

1.1. あなたたち／金持ち（彼女たち）

1.2. 私／背が高い（私の両親）

1.3. この車／高い（あの（車））

1.4. 彼の家／小さい（あなたの（家））

1.5. あなた（男性）／若い（私たち）

2. 下線部の単語を（　）の語に変え、文全体を書き直しなさい。

2.1. Ele é um brasileiro alto. (ela)

____

2.2. O meu carro japonês é novo. (as canetas)

____

2.3. Aquelas meninas são altas e bonitas. (o menino)

____

2.4. Esse sapato italiano é grande e pesado. (a bolsa)

____

2.5. A sua blusa amarela é velha mas bonita. (os vestidos)

____

3. 例にならって、質問と答えを書きなさい。

（例）	①	②	③	④
(a) camisa	(o) boné	(as) calças	(a) camiseta	(os) sapatos

（例） De que cor é a sua camisa? → A minha camisa é verde.
A minha camisa verde é nova.

① ______ → ______
______

② ______ → ______
______

③ ______ → ______
______

④ ______ → ______
______

4. あなたの身の回りの人・物について、できるだけ詳しい特徴を記述しなさい。

____
____
____
____

LIÇÃO 6

第 6 課

CONJUGAÇÃO E APLICAÇÕES DOS VERBOS REGULARES 【 規則動詞の活用と用法 】

Você sempre telefona para os seus pais? CD 28

Maria: – Paulo, você mora sozinho?

Paulo: – Moro.

Maria: – Onde os seus pais moram?

Paulo: – Eles moram no Brasil.

Maria: – Você sempre telefona para eles?

Paulo: – Não, eu quase nunca telefono para eles.

Maria: – Então como vocês se comunicam?

Paulo: – Eu escrevo para eles todos os dias.

1. CONJUGAÇÃO DOS VERBOS REGULARES (Presente do Indicativo) 規則動詞の活用（直説法・現在形）

CD 29

ポルトガル語の動詞は、その原形の語尾によって、–AR 動詞、–ER 動詞、–IR 動詞の３種類に分類され、その大多数は規則的な活用をする。

ここでは、これらの規則動詞の直説法現在形の活用を紹介する。

➢ 規則動詞の活用は、

① 原形の形から最後の “–AR”, “–ER” または “–IR” を取り、

② 主語に応じて下記の活用語尾を加える

		–AR 動詞の活用語尾	–ER 動詞の活用語尾	–IR 動詞の活用語尾
eu	→	**-o**	**-o**	**-o**
você ele ela	→	**-a**	**-e**	**-e**
nós	→	**-amos**	**-emos**	**-imos**
vocês eles elas	→	**-am**	**-em**	**-em**

◎ 活用例

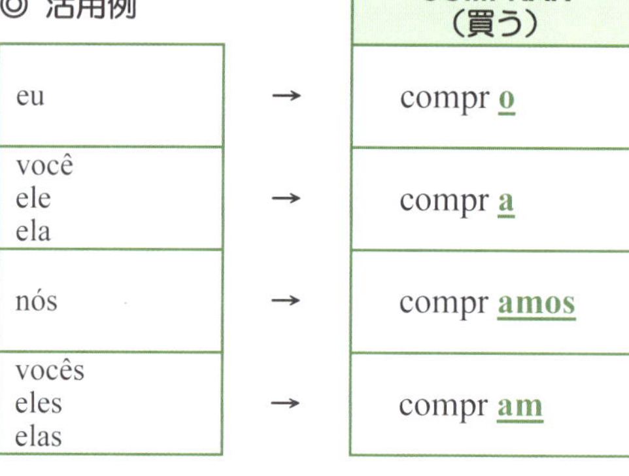

		COMPRAR（買う）	VENDER（売る）	PARTIR（出発する）
eu	→	compr **o**	vend **o**	part **o**
você ele ela	→	compr **a**	vend **e**	part **e**
nós	→	compr **amos**	vend **emos**	part **imos**
vocês eles elas	→	compr **am**	vend **em**	part **em**

◎ 例文

Eu **compro** esta revista todos os meses. → 私は毎月この雑誌を買います。
Paulo **vende** carros e motos. → パウロは車とバイクを売ります。
Nós **partimos** para o Brasil hoje. → 私たちは今日ブラジルに出発します。

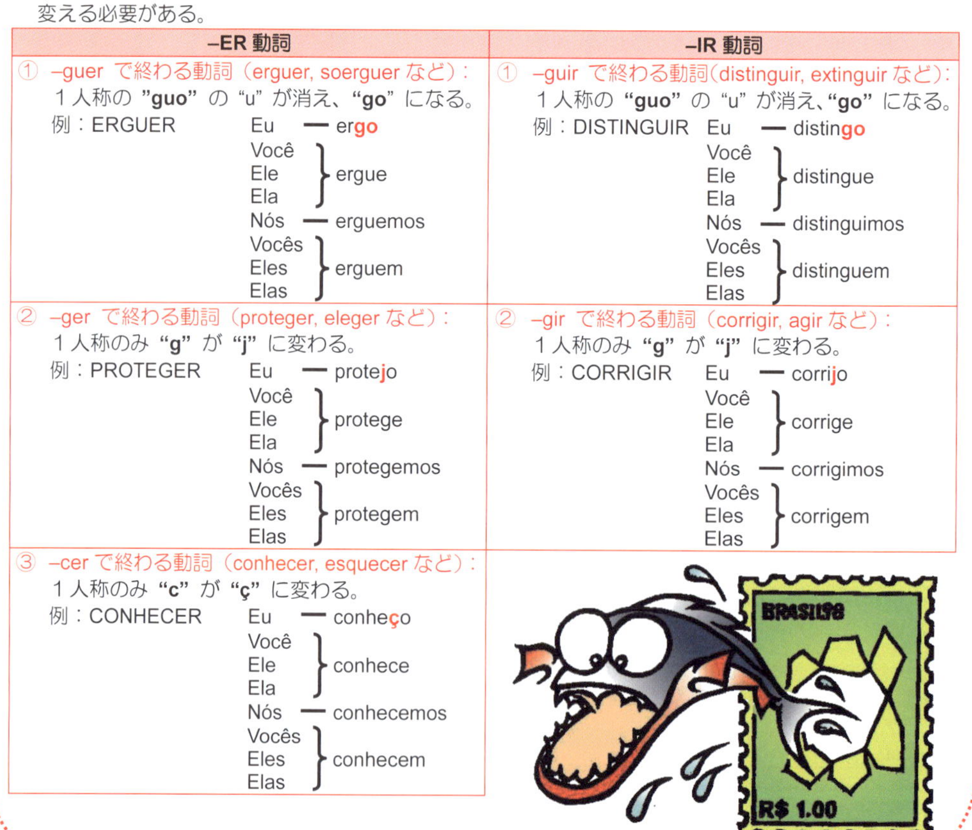

動詞の活用は、発音が優先するため、次のような場合には、その発音になるように綴りを変える必要がある。

–ER 動詞	–IR 動詞
① –guer で終わる動詞（erguer, soerguer など）： １人称の **"guo"** の “u” が消え、**“go”** になる。 例：ERGUER Eu — er**go** Você / Ele / Ela } ergue Nós — erguemos Vocês / Eles / Elas } erguem	① –guir で終わる動詞(distinguir, extinguir など)： １人称の **“guo”** の “u” が消え、**“go”** になる。 例：DISTINGUIR Eu — distin**go** Você / Ele / Ela } distingue Nós — distinguimos Vocês / Eles / Elas } distinguem
② –ger で終わる動詞（proteger, eleger など）： １人称のみ **“g”** が **“j”** に変わる。 例：PROTEGER Eu — prote**j**o Você / Ele / Ela } protege Nós — protegemos Vocês / Eles / Elas } protegem	② –gir で終わる動詞（corrigir, agir など）： １人称のみ **“g”** が **“j”** に変わる。 例：CORRIGIR Eu — corri**j**o Você / Ele / Ela } corrige Nós — corrigimos Vocês / Eles / Elas } corrigem
③ –cer で終わる動詞（conhecer, esquecer など）： １人称のみ **“c”** が **“ç”** に変わる。 例：CONHECER Eu — conhe**ç**o Você / Ele / Ela } conhece Nós — conhecemos Vocês / Eles / Elas } conhecem	

2. APLICAÇÕES DO PRESENTE DO INDICATIVO
直説法現在形の用法

使い方その1　現在の事実

Eles **estudam** aqui. → 彼らはここで勉強します。
Takeshi **fala** bem português. → タケシはポルトガル語を上手に話します。

使い方その2　現在の習慣的・反復的な行為

Eu **acordo** cedo todos os dias. → 私は毎日早く起きます。
Maria sempre **escreve** para os pais. → マリアはいつも両親に手紙を書きます。

使い方その3　普遍的な真理

A Terra **gira** ao redor do sol. → 地球は太陽の周囲を回ります。
A lei não **discrimina** as raças. → 法律は人種差別をしません。

使い方その4　歴史的な現在

※ このような場合は過去形でも表現できるが、現在形の方がよりきわ立ったナレーションになる。

O Brasil **proclama** a República em 1889. → ブラジルは、1889 年に連邦制を宣言します。

使い方その5　近い未来の行為

Eu **telefono** para você amanhã. → 私は明日あなたに電話をします。
O meu pai **viaja** para o Brasil amanhã. → 私の父は明日ブラジルに旅行します。

6

3. ADVÉRBIOS DE TEMPO
時を表す副詞

直説法現在形を使う場合、下記の時を表す副詞を伴うことが多い。

毎日	todos os dias, todo dia
毎週	todas as semanas, toda semana
毎月	todos os meses, todo mês
毎年	todos os anos, todo ano

日中に	de dia
午前中に	de manhã
午後に	de/à tarde
夜に	de/à noite

今日	hoje
明日	amanhã

いつも	sempre
通常、普段	normalmente
しばしば	frequentemente
時々	às vezes
希にしか〜ない	raramente
決して〜ない	nunca

※ 不定代名詞 TODO（とその変形）については、第 12 課、110 頁を参照。

注意！

O DIA TODO
A SEMANA TODA
O MÊS TODO
O ANO TODO

などの表現があるが、意味が全く異なるので注意が必要！
このような場合は、「一日中」「一週間中」「一月中」「一年中」の意味になる。

例：Eu estudo **o dia todo**.
→ 私は一日中勉強します。

例文：
O meu pai **sempre** bebe caipirinha.
→ 私の父はいつもカイピリーニャを飲みます。

Eles **nunca** assistem à TV **à noite**.
→ 彼らは決して夜にテレビを見ません。

Ele **raramente** almoça comigo.
→ 彼は希にしか私と昼食をとりません。

Ele viaja para o Brasil **todos os anos**.
→ 彼は毎年ブラジルに旅行します。

時を表す副詞の文における位置 は、何を強調したいかによって、自由に動かすことができる。基本的には、sempre から始まる副詞のグループは、動詞の直前に置くことが多く、それ以外の副詞は、文の最初または文の終わりに入れることが多い。

4. PREPOSIÇÕES “DE”, “EM” , “PARA”, “A”, “COM”, “POR”
前置詞 “DE”, “EM” , “PARA”, “A”, “COM”, “POR”

前置詞は、文における2つの要素をつなげ、2つ目の要素を1つ目の要素に従属させる役割をもつ。

① 使用する前置詞によって、それらの要素の相互関係が変わる。

例えば、 Ele sempre fala **com** / **para** / **de** Maria.
→ 彼はいつもマリア**と**話します。
→ 彼はいつもマリア**に**話します。
→ 彼はいつもマリア**について**話します。

② また、動詞によっては、特定の前置詞を求めることがある。

例えば、 Ele **gosta** muito **de** Maria. / estudar.
→ 彼はマリアがとても好きです。
→ 彼は勉強することがとても好きです。

ここでは、まず次の6つの前置詞を学ぼう。

DE	主に所属・所有・材質・出身を表す前置詞。 「〜の」「〜から」「〜について」に相当する。	Esse é o livro **de** Maria.（それはマリアの本です。） Eu sou **de** Tóquio.（私は東京出身です。）
EM	主に場所・時を表す前置詞。 「〜で」「〜に」に相当する。	Eu moro **no** Brasil.（私はブラジルに住んでいます。） Eu trabalho **no** domingo.（私は日曜日に働きます。）
PARA	主に方向・目的を表す前置詞。 「〜に」「〜へ」「〜のために」に相当する。	Eu viajo **para** o Brasil.（私はブラジルに旅行します。） Eu compro isto **para** você.（私はあなたにこれを買います。）
A	主に方向・到着点・時点を表す前置詞。 「〜へ」「〜に」「〜まで」に相当する。	Eu viajo **ao** Brasil.（私はブラジルに旅行します。） Eu acordo **às** 8 horas.（私は8時に起きます。）
COM	主に同伴・共同を表す前置詞。 「〜と」に相当する。	Eu moro **com** Maria.（私はマリアと住んでいます。） Eu falo **com** você depois.（私は後であなたと話します。）
POR	主に通過・単位を表す前置詞。 「〜を通って」「〜当たり」に相当する。	Eu entro **pela** janela.（私は窓から入ります。） Eu trabalho 8 horas **por** dia.（私は1日に8時間働きます。）

前置詞 PARA と A の違い

前置詞 PARA と A は、両方とも方向を表す前置詞であるが、その区別は、特に話し言葉においては、だんだん少なくなっており、PARA の方が広く用いられる。

文法上は、PARA は「行ってそのまま残る」、A は「行って戻ってくる」というニュアンスが含まれているとされているが、著者はむしろ両者の区別はその目的の有無にあると思う。

例えば、トイレに行く場合、Eu vou **ao** banheiro.と言うが、Eu vou **para o** banheiro.とは言わない。それは、トイレに行くときにははっきりした目的があるため、前置詞 A を用い、これに対して、前置詞 PARA は、目的よりもその方向を重視しているため、トイレに行く場合には一般的に用いない。

前置詞の後に1人称単数の代名詞が来ると、“EU” ではなく “MIM” という。

Ele gosta de **mim**. →彼は私のことが好きです。
Ele não acredita em **mim**. →彼は私のことを信じません。
Este presente é para **mim**? →このプレゼントは私にですか？
Ele sempre passa por **mim** mas não fala **comigo**. →彼はいつも私とすれ違うが、私と話しません。

例外は前置詞 COM

前置詞 **“COM”** の後に1人称の代名詞（単数及び複数形）が来ると、次のようになる。

com + mim → **comigo**
例： Ele mora **comigo**.
彼は私と住んでいます。

com + nós → **conosco**
例： Ele não fala **conosco**.
彼は私たちと話しません。

前置詞の結合

前置詞 “DE”、“EM”、“A” 及び “POR” は、その後に母音で始まる冠詞、指示詞などが来ると、それらと次のように結合する。（前置詞 “PARA” と “COM” は基本的に後ろに来るものと結合しない。）

結合形		定冠詞		不定冠詞		指示詞			人称代名詞	
		o(s)	a(s)	um(–)	uma(–)	este(s)	esse(s)	aquele(s)	ele(s)	ela(s)
前置詞	DE	do(s)	da(s)	dum(–)*	duma(–)*	deste(s)	desse(s)	daquele(s)	dele(s)	dela(s)
	EM	no(s)	na(s)	num(–)	numa(–)	neste(s)	nesse(s)	naquele(s)	nele(s)	nela(s)
	A	ao(s)	à(s)	–	–	–	–	àquele(s)	–	–
	POR	pelo(s)	pela(s)	–	–	–	–	–	–	–

* 前置詞 “DE” と不定冠詞との結合は、あまり一般的ではない。そのまま、“de um” / “de uma” ということが多い。

※ 話し言葉では、前置詞 “PARA” と定冠詞を結合して pra, pro, pras, pros と発音することが多いが、文法的には認められない形であるため、書き言葉では避けた方がよい。なお、”pra” は PARA + A の結合形だけではなく、ただ単に冠詞を伴わない PARA を音消失した形でもある。

5. LISTA DE VERBOS REGULARES FREQUENTEMENTE USADOS
頻繁に使われる規則動詞一覧

あ	愛する	→ amar
	開ける	→ abrir
	洗う	→ lavar
	歩く	→ andar
	受け取る	→ receber
	売る	→ vender
	起きる	→ acordar
	置く	→ colocar
	送る（手紙・荷物など）	→ enviar
	教える	→ ensinar
	押す	→ empurrar
	泳ぐ	→ nadar
	終わる	→ terminar
	～をし終わる	→ terminar de 動詞の不定詞
か	買う	→ comprar
	書く	→ escrever
	～のことを考える	→ pensar em ～
	切る	→ cortar
	きれいにする	→ limpar
	～に答える	→ responder a ～
さ	探す	→ procurar
	質問する	→ perguntar
	出発する	→ partir
	知る（経験として）	→ conhecer
	～を信じる	→ acreditar em ～
	準備する	→ preparar
	～が好きである	→ gostar de ～ （※1）
	過ごす	→ passar
	住む	→ morar
	する（球技・ゲームなど）	→ jogar
た	食べる	→ comer
	昼食をとる	→ almoçar
	朝食をとる	→ tomar café da manhã
	～に着く	→ chegar a/em ～ （※※）
	連れて行く	→ levar
	電話をかける	→ telefonar
	～を通る	→ passar por ～
	閉じる	→ fechar
	取る	→ pegar

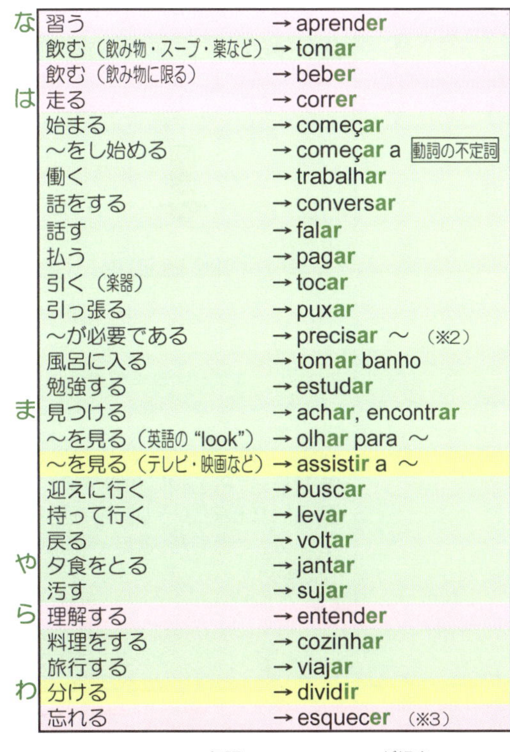

な	習う	→ aprender
	飲む（飲み物・スープ・薬など）	→ tomar
	飲む（飲み物に限る）	→ beber
は	走る	→ correr
	始まる	→ começar
	～をし始める	→ começar a 動詞の不定詞
	働く	→ trabalhar
	話をする	→ conversar
	話す	→ falar
	払う	→ pagar
	引く（楽器）	→ tocar
	引っ張る	→ puxar
	～が必要である	→ precisar ～ （※2）
	風呂に入る	→ tomar banho
	勉強する	→ estudar
ま	見つける	→ achar, encontrar
	～を見る（英語の “look”）	→ olhar para ～
	～を見る（テレビ・映画など）	→ assistir a ～
	迎えに行く	→ buscar
	持って行く	→ levar
	戻る	→ voltar
や	夕食をとる	→ jantar
	汚す	→ sujar
ら	理解する	→ entender
	料理をする	→ cozinhar
	旅行する	→ viajar
わ	分ける	→ dividir
	忘れる	→ esquecer （※3）

※1 gostar DE +
- 名詞 → ～が好き
- 動詞の不定詞 → ～をすることが好き

※2 precisar
- DE + 名詞 → ～を必要とする
- 動詞の不定詞 → ～をする必要がある

※3 esquecer
- 名詞 → ～を忘れる
- DE +動詞の不定詞 → ～をし忘れる

※※ 文法的に CHEGAR 動詞は前置詞 “A” を求めるが、話し言葉では前置詞 “EM” が一般的に用いられる。

Verbos Reflexivos e Verbos Pronominais
再帰動詞及び代名動詞について

ポルトガル語の動詞のなかには、主語によって変化する再帰代名詞を伴うものがある。

これらの動詞は、次の二つに分類することができる ― 再帰動詞 / 代名動詞

再帰動詞とは、動詞の表す行為がその行為者自身に及ぶ場合で、「他動詞＋再帰代名詞」の形で自動詞の働きをする動詞のことをいう。再帰動詞の場合は、主語と目的語が同じで、「自分自身を（に）～する」や「お互いを（に）～する」という意味になる。

例えば、LAVAR 動詞（洗う）を使った下記の２つの文を見比べると、

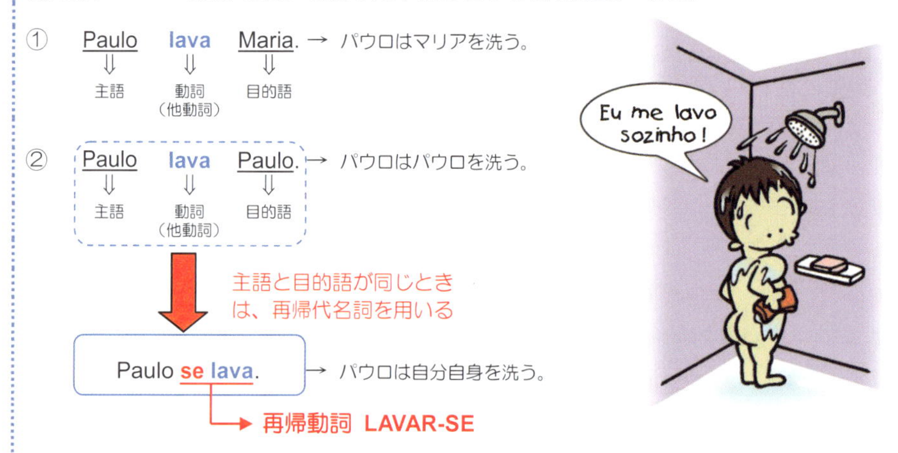

なお、代名動詞は、再帰動詞と同じように代名詞を伴う動詞のことをいうが、再帰動詞と異なり、代名動詞に付随する代名詞には何ら文法的な意味がなく、動詞の一部を成すため、代名詞なしではその動詞を用いることができないか（例えば、suicidar-se（自殺する））、あるいは、できても、意味や構文が異なってしまう（例えば、enganar-se（誤解する）≠ enganar（だます））。

再帰動詞と代名動詞に付随する代名詞の違い

① 再帰動詞に付随する代名詞は、目的語としての文法的な機能をもつ。それに対して、代名動詞に付随する代名詞は、何ら文法的な機能をもたない。

② 再帰動詞は、代名詞なしで通常の他動詞として用いることができる。それに対して、代名動詞は、代名詞なしでは意味をもたないか、代名詞がある場合とは異なる意味になる。

◎ 再帰動詞及び代名動詞における代名詞の変化

動詞を通常に活用させることに加え、再帰動詞と代名動詞の場合は、それらに付随する代名詞を下記の通り各人称に対応した形に変化させる必要がある。

LAVAR-SE
（自分自身を洗う）の活用例

人称	再帰代名詞	動詞
eu	**me**	lavo
você ele ela	**se**	lava
nós	**nos**	lavamos
vocês eles elas	**se**	lavam

代名詞の位置

ブラジルでは、再帰代名詞は通常動詞の前に来るが、ポルトガルでは再帰代名詞を動詞の後に置くのが一般的である。（それぞれの場合におけるハイフンの有無に注目。）

ブラジル式：　Eu sempre **me** lavo de manhã.
ポルトガル式：Eu sempre lavo-**me** de manhã.
私はいつも午前中に体を洗う。

◎ 規則的な活用をする主な再帰動詞・代名動詞

			参考のために、代名詞なしの意味：
再帰動詞	～と結婚する（自分自身を～と結婚させる）	→ casar-se com ～	casar A com B = A と B を結婚させる
再帰動詞	自殺する（自分自身を殺す）	→ matar-se	matar ～ = ～を殺す
再帰動詞	座る（自分自身を座らせる）	→ sentar-se	sentar ～ = ～を座らせる
再帰動詞	卒業する（自分自身を卒業させる）	→ formar-se	formar ～ = ～を卒業させる
再帰動詞	けがをする（自分自身をけがさせる）	→ machucar-se	machucar ～ = ～をけがさせる
再帰動詞	立つ、起きる（自分自身を立たせる、起こす）	→ levantar-se	levantar ～ = ～を立たせる、起こす
再帰動詞	横になる（自分自身を横にする）	→ deitar-se	deitar ～ = ～を横にする

代名動詞	～に会う	→ encontrar-se com ～	encontrar ～ = ～を見つける
代名動詞	～を謝る	→ desculpar-se por ～	desculpar ～ = ～を許す
代名動詞	～を思い出す	→ lembrar-se de ～	lembrar ～ = ～を思い出す
代名動詞	～を後悔する	→ arrepender-se de ～	－
代名動詞	～に興味を抱く	→ interessar-se por ～	interessar ～ = ～の興味を引く
代名動詞	誤解する	→ enganar-se	enganar ～ = ～をだます
代名動詞	自殺する	→ suicidar-se	－
代名動詞	～を心配する	→ preocupar-se com ～	preocupar ～ = ～に心配をかける
代名動詞	努力する	→ esforçar-se	esforçar ～ = ～を強める
代名動詞	～へ引っ越す	→ mudar-se para ～	mudar ～ = ～を変える
代名動詞	不平を言う	→ queixar-se	－
代名動詞	～を誇りに思う	→ orgulhar-se ～	－
代名動詞	～を忘れる	→ esquecer-se de ～	esquecer ～ = ～を忘れる

※ 代名動詞は、一般的に感情や精神的現象に関係するものが多い。

MUITO, MUITOS について

動詞・副詞・形容詞にかかる場合	名詞にかかる場合
性・数の変化をしない。 動詞にかかるときは、その直後に来る。 副詞・形容詞にかかるときは、その直前に来る。	名詞に合わせて性・数の変化をする。 名詞の直前に来る。

MUITO → とても / よく	**MUITO / MUITA / MUITOS / MUITAS** → たくさんの㊔
例：Ele fala **muito**. 彼はよく話す。 Ele fala **muito** depressa. 彼はとても早く話す。 Ele é **muito** alto. 彼はとても背が高い。	例：Ele compra **muitos** livros. 彼はたくさんの本を買う。 Ele gasta **muito** dinheiro. 彼はたくさんのお金を使う。 ※ 数えられるものについては、複数形を用いる。 数えられないものについては、単数形を用いる。
NÃO 〜 MUITO → あまり〜ない	**NÃO 〜 MUITO / MUITA / MUITOS / MUITAS** → あまりたくさんの㊔〜ない
例：Ele não fala **muito**. 彼はあまり話さない。 Ele não fala **muito** depressa. 彼はあまり早く話さない。 Ele não é **muito** alto. 彼はあまり背が高くない。	例：Ele não compra **muitos** livros. 彼はあまりたくさんの本を買わない。 Ele não gasta **muito** dinheiro. 彼はあまりたくさんのお金を使わない。 ※ 数えられるものについては、複数形を用いる。 数えられないものについては、単数形を用いる。
POUCO → 少ししか〜ない / あまり〜ない	**POUCO / POUCA / POUCOS / POUCAS** → 少しの㊔しか〜ない
例：Ele fala **pouco**. 彼は少ししか話さない。 Ele é **pouco** alto. 彼はあまり背が高くない。	例：Ele compra **poucos** livros. 彼は少しの本しか買わない。 Ele gasta **pouco** dinheiro. 彼は少しのお金しか使わない。 ※ 数えられるものについては、複数形を用いる。 数えられないものについては、単数形を用いる。
UM POUCO → 少し	**UM POUCO DE** → 少しの㊔
例：Ele fala **um pouco**. 彼は少し話す。 Ele fala **um pouco** depressa. 彼は少し早く話す。 Ele é **um pouco** alto. 彼は少し背が高い。	例：Ele gasta **um pouco de** dinheiro. 彼は少しのお金を使う。 ※ 常にこの形で用いられ、性・数の変化をしない。 数えられないものに限る。

6. PRONOMES INTERROGATIVOS
疑問詞

ポルトガル語には以下の疑問詞があり、QUAL は数の変化、QUANTO は性と数の変化をする。

COMO	どんな？	*how*	– **Como** é o seu namorado? あなたの恋人はどんな人ですか？ – Ele é alto e bonito. 彼は背が高く、格好いいです。
ONDE	どこ？	*where*	– **Onde** você mora? あなたはどこに住んでいますか？ – Eu moro no Japão. 私は日本に住んでいます。
QUE	何？（※）	*what*	– **Que** dia é hoje? 今日は何日ですか？ – Hoje é dia 21 de setembro. 今日は９月２１日です。
O QUE	何？（※）	*what*	– **O que** é isso? それは何ですか？ – Isto é uma jabuticaba. これはジャブチカーバです。
QUAL QUAIS	何（※）／どれ？	*what / which*	– **Qual** é a sua nacionalidade? あなたの国籍は何ですか？ – Eu sou brasileiro. 私はブラジル人です。
QUEM	誰？	*who*	– **Quem** é aquele homem? あの男性は誰ですか？ – Aquele homem é o meu pai. あの男性は私の父です。
QUANDO	いつ？	*when*	– **Quando** é o seu aniversário? あなたの誕生日はいつですか？ – O meu aniversário é no dia 5 de maio. 私の誕生日は５月５日です。
QUANTO QUANTA QUANTOS QUANTAS	いくつ？	*how much / how many*	– **Quantas** horas você trabalha por dia? あなたは１日に何時間働きますか？ – Eu trabalho 4 horas por dia. 私は１日に４時間働きます。
POR QUE PORQUE	なぜ？ なぜなら	*why* *because*	– **Por que** você trabalha aqui? なぜあなたはここで働くのですか？ – **Porque** o salário é bom. なぜなら給料がいいからです。

※ 同じく「何」という意味をもつ疑問詞 “QUE”, “O QUE”, “QUAL” の区別については、注意が必要である。

QUE	名詞を伴う場合	① 時間や日にちを聞く場合に用いられる	**Que** horas são? 何時ですか？
		② SER 動詞と一緒に用いて「何という〜ですか」と聞く場合に用いられる	**Que** rua é esta? これは何という道ですか？
		③ SER 動詞以外と一緒に用いて「どんな種類の」と聞く場合に用いられる（“QUAL” で言い換えることができる）	**Que** línguas você fala? あなたは何語を話しますか？
	名詞を伴わない場合 O QUE で代用されることが多い	① SER 動詞と一緒に用いて「どういう意味」と聞く場合に用いられる	**Que** é “gramática”? “gramática”とは何ですか？
		② SER 動詞以外と一緒に用いて「どんなこと」と聞く場合に用いられる	**Que** você está fazendo? あなたは何をしていますか？
O QUE	① SER 動詞と一緒に用いてその単語そのものについての情報（定義や意味等）を聞く場合に用いられる		**O que** é “gramática”? “gramática”とは何ですか？
	② SER 動詞以外と一緒に用いて「どんなこと」と聞く場合に用いられる		**O que** você está fazendo? あなたは何をしていますか？
QUAL	① 名前や職業、国籍などを聞く場合に用いられる		**Qual** é a sua nacionalidade? あなたの国籍は何ですか？
	② 選択性のある質問となり、「どんな種類の」と聞く場合に用いられる。英語の “which” に当たる。		**Quais** línguas você fala? あなたは何語を話しますか？

前置詞を伴う場合

前置詞を伴う場合、その前置詞は疑問詞の前に置く。

例えば、

Com **quem** você mora? あなたは誰と住んでいますか？
Para **onde** você viaja todos os anos? あなたは毎年どこへ旅行しますか？
Do **que** você precisa? あなたは何を必要としていますか？

EXERCÍCIOS

PARTE 1 CD 31

1. 例にならって、語幹を離して動詞を現在形に活用させなさい。

	MORAR〔住む〕		BEBER〔飲む〕		ABRIR〔開く〕	
eu	mor	-o				
você / ele / ela	mor	-a				
nós	mor	-amos				
vocês / eles / elas	mor	-am				

	ESTUDAR〔勉強する〕		COMER〔食べる〕		DIVIDIR〔分ける〕	
eu						
você / ele / ela						
nós						
vocês / eles / elas						

	TRABALHAR〔働く〕		ESCREVER〔書く〕		ASSISTIR〔見る〕	
eu						
você / ele / ela						
nós						
vocês / eles / elas						

	FALAR〔話す〕		RECEBER〔受け取る〕		PARTIR〔出発する〕	
eu						
você / ele / ela						
nós						
vocês / eles / elas						

2. かっこ内の動詞を主語に合わせて適切な形に活用させなさい。

2.1. Maria ______________________________ em Nagoia. (trabalhar)

2.2. Paulo e Maria ______________________________ na Universidade de Brasília. (estudar)

2.3. Os meus pais ___________________________ amanhã para o Brasil. (partir)

2.4. O meu tio não ___________________________ tomate. (comer)

2.5. Eu sempre __________________________ a janela do meu carro. (abrir)

2.6. Nós ______________________________ japonês e português muito bem. (falar)

2.7. A minha mãe raramente ___________________________ cerveja. (beber)

2.8. O nosso professor normalmente ___________________________ muitos livros. (comprar)

2.9. Eu ___________________________ o apartamento com uma amiga. (dividir)

2.10. Os pais dele sempre __________________________ muito cedo. (acordar)

PARTE 2 CD 32

1. 適切な前置詞を使って空白を埋めなさい。(冠詞と結合する場合は、その結合形を、結合しない場合は、冠詞も忘れずに書きなさい。)

1.1. Eu moro _______________ São Paulo, _______________ Brasil.

1.2. O meu pai trabalha _____________ Hospital Universitário.

1.3. Pedro e Maria viajam todos os anos _____________ Brasil.

1.4. Ele não mora _______________ esposa dele.

1.5. Nós compramos muitos livros _____________ português.

1.6. As minhas irmãs estudam ______________ Universidade de Tóquio.

1.7. Eu sempre falo ________________ Maria.

1.8. A minha mãe trabalha ______________ meu pai ______________ casa.

1.9. Ele telefona todos os dias _________________ namorada dele.

1.10. Nós moramos ___________ Tóquio mas somos _______________ Hokkaido.

2. ワク内の単語を使って文を作り、日本語に訳しなさい。

Eu e Maria A irmã dele Os meus pais Eu	telefono trabalhamos mora viajam	no para o com para	Brasil você Maria Banco do Brasil	todos os dias frequentemente amanhã

① ______________________

訳：______________________

② ______________________

訳：______________________

③ ______________________

訳：______________________

④ ______________________

訳：______________________

3. ポルトガル語に訳しなさい。

3.1. タケシの恋人はポルトガル語をとても上手に話します。

____

3.2. 彼女たちの弟はどこで勉強していますか？

____

3.3. マリアは私と住んでいません。彼女は彼女の両親と住んでいます。

____

3.4. あなたのお父さんはあの高い建物で働いていますか？

____

3.5. 普段私たちはソファーに横になってテレビを見ます。

____

3.6. 毎週私はブラジルに電話をし、いつも私の両親と話します。

____

3.7. あなたは普段どこであなたの恋人（男性）と会いますか？

____

3.8. マリアはいつもこの窓を開けますが、しばしば閉めることを忘れます。

____

3.9. 私たちは大学でポルトガル語を勉強しますが、家ではまれにしか勉強しません。

____

3.10. 私の両親は私のことが好きで、私のことをいつも心配してくれます。

____

4. 質問に対してあなた自身について答えなさい。

4.1. Onde você estuda?

____

4.2. Onde você mora?

____

4.3. Com quem você mora?

____

4.4. Onde você normalmente almoça?

____

4.5. A sua mãe trabalha? Onde?

____

4.6. Você assiste à televisão todos os dias?

____

4.7. Quantos livros você compra por mês?

____

4.8. O que você precisa fazer depois desta aula?

____

4.9. Quando você estuda português?

____

4.10. Você gosta de estudar português?

____

LIÇÃO 7

第 7 課

HORAS
【 時間の表現 】

Que horas são?  CD 33

Fábio: – Maria, que horas são?

Maria: – São cinco para as três.

Fábio: – Já? Estou atrasado!

➔ Estou atrasado/a.　➔ Estou adiantado/a.

Eu acordo às 6 horas

Simone: – A que horas você acorda?

Paulo: – Eu normalmente acordo às 6 horas.

Simone: – Como você acorda cedo!

Paulo: – E você, a que horas você acorda?

Simone: – Eu acordo tarde. Eu sempre acordo às 11 horas.

➔ cedo　➔ tarde

1. EXPRESSÃO DE HORAS  CD 34
時刻の表現

ポルトガル語で時刻を言うときは、**SER** 動詞を使うが、英語と異なり、動詞もその数字に合わせて単数形・複数形に活用する。非人称であるため、用いる動詞の人称は、単数形の場合は３人称単数（“É”）、複数形の場合は３人称複数（“SÃO”）である。

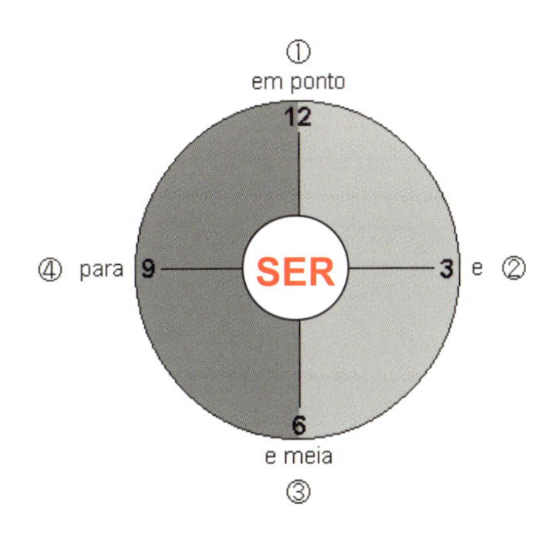

聞き方  **Que horas são?**

何時ですか？

① 「……時（ちょうど）です」

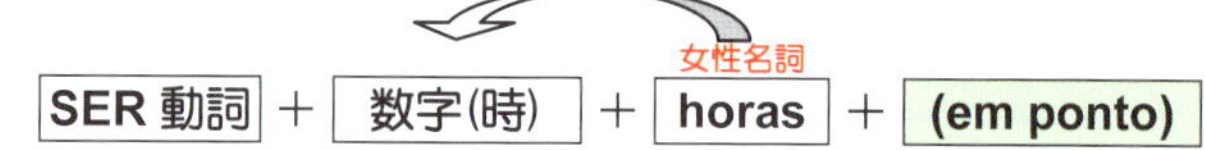

女性名詞

SER 動詞 ＋ 数字(時) ＋ horas ＋ (em ponto)

1:00	→	É	uma	hora	(em ponto).
2:00	→	São	duas	horas	(em ponto).
16:00	→	São	dezesseis	horas	(em ponto).

また、ポルトガル語では「正午」と「零時」を表す言葉があり、それらも次のように単数で表現する。

12:00	→	É	meio-dia	(em ponto).
00:00	→	É	meia-noite	(em ponto).

注： かっこ内の “em ponto” は省略してもよい。

EM PONTO の他に、**exatamente** とも言うが、その場合は、時間の前に置く。

É uma hora em ponto.
É exatamente uma hora.

② 「……時……分です」

女性名詞　男性名詞

SER 動詞 ＋ 数字(時) ＋ (horas) ＋ e ＋ 数字(分) ＋ (minutos)

1:15	→	É	uma	(hora)	e	quinze	(minutos).
2:30	→	São	duas	(horas)	e	trinta	(minutos).
16:40	→	São	dezesseis	(horas)	e	quarenta	(minutos).
12:15	→	É	meio-dia		e	quinze.	
00:20	→	É	meia-noite		e	vinte.	

注： かっこ内の “horas” と “minutos” は通常省略する。

③ 「……時……半です」

女性名詞

SER 動詞 ＋ 数字(時) (hora) ＋ e meia.

1:30	→	É	uma	e meia.
2:30	→	São	duas	e meia.
9:30	→	São	nove	e meia.
12:30	→	É	meio-dia	e meia.
00:30	→	É	meia-noite	e meia.

注： “meia” は “meia hora”（半時間）の略である。

～半 は 12 時間制で表現する場合と “meio-dia, meia-noite” にのみ用いる。

15:30 São três e meia.
São quinze e trinta.

12:30 É meio-dia e meia.
São doze e trinta.

④ 「……時……分前です」

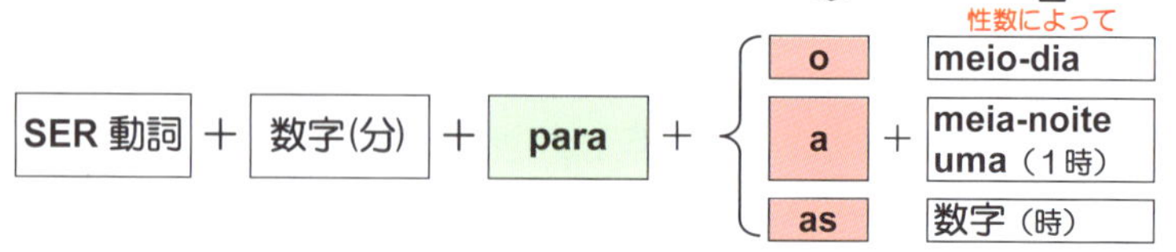

性数によって

SER 動詞 ＋ 数字(分) ＋ para ＋ { o / a / as } ＋ { meio-dia / meia-noite, uma（1時）/ 数字（時）}

12:55（1時5分前）→	São	cinco	para	a	uma.
23:50（0時10分前）→	São	dez	para	a	meia-noite
8:40（9時20分前）→	São	vinte	para	as	nove.
11:45（正午15分前）→	São	quinze	para	o	meio-dia.

注： 必ずしも「…時…分前」の形式で時刻を言う必要はない。前項②で取り上げたように、「…時…分」の形式で表現しても構わない。

「午前・午後」について

ブラジルでは、時刻を表現する際、24 時間制と 12 時間制の両方を用いる。

12 時間制を用いた場合、日本で言う「午前」「午後」のように 2 体制に分けるのではなく、たいていは「朝の」「昼の」「夜の」の 3 体制か、それに「夜中の」を加えた 4 体制で表現する。

その区切方については、個人差があり、また日本のように冬など早く暗くなる場合、通常は「昼」でも暗くなっているために「夜」と表現することもあるので、厳密ではない。

一般的には、

時刻	表現	使用例
午前　1:00 ～ 午前　11:59	（朝）→　**da manhã**	01:15　É uma e quinze **da manhã**. 07:30　São sete e meia **da manhã**. 10:25　São dez e vinte e cinco **da manhã**.
午後　1:00 ～ 午後　6:59	（昼）→　**da tarde**	13:15　É uma e quinze **da tarde**. 15:40　São três e quarenta **da tarde**. 18:30　São seis e meia **da tarde**.
午後　7:00 ～ 午後　11:59	（夜）→　**da noite**	19:30　São sete e meia **da noite**. 21:00　São nove horas **da noite**. 22:25　São dez e vinte e cinco **da noite**.

なお、午後 00:00 ～ 午後 00:59　は、São doze horas...　か　É meio-dia...

午前 00:00 ～ 午前 00:59　は、É zero hora...　か　É meia-noite...

と表現し、その表現自体から昼か夜かの区別ができるため、上記の「da tarde」や「da noite」を加える必要がない。

2.　EXPRESSÃO DE DURAÇÃO 時間の経過・長さの表現

時間の経過や長さの表現も、時刻の言い方と基本的に同じである。唯一の違いと言えば、「時」「分」を表す語 “horas”、“minutos” が省略されないということである。

聞き方

Quantas horas / **Quantos minutos** **você** { **estuda?** / **leva da sua casa até a universidade?** }

Quanto tempo **leva do Japão ao Brasil?**

あなたは / 日本からブラジルまでは　{ 何時間 / 何分 / どれぐらいの時間 }　勉強しますか？ / かけて自宅から大学まで来ますか？ / がかかりますか？

※ 疑問詞 “quanto”（いくつ）は、対象名詞の性に合わせて男性形・女性形に変化し、数えられるものの場合は複数形を、数えられないものの場合は単数形を用いる。（第 6 課、55 頁を参照）

Eu estudo { **uma hora** / **duas horas e meia** / **cinco horas e dez minutos** } por { dia. / semana. / mês. / ano. }	→	私は { 一日 / 一週間 / 一月 / 一年 } に { **1 時間** / **2 時間半** / **5 時間 10 分** } 勉強します。
Eu levo **duas horas** da minha casa até a universidade.	→	私は自宅から大学まで **2 時間**かけて来ます。
Do Japão ao Brasil leva **vinte e quatro horas**.	→	日本からブラジルまでは **24 時間**かかります。

7

3. EXPRESSÃO DE HORÁRIO DE FATOS (ÀS ..... HORAS)
行動の時間の表現

① 「〜時に ....をする」

行動の時刻を表すときは、前置詞 “**A**” を用い、時刻の前には定冠詞を置く。

聞き方 **A que horas você { estuda? / acorda?**

あなたは何時に { 勉強しますか？ / 起きますか？

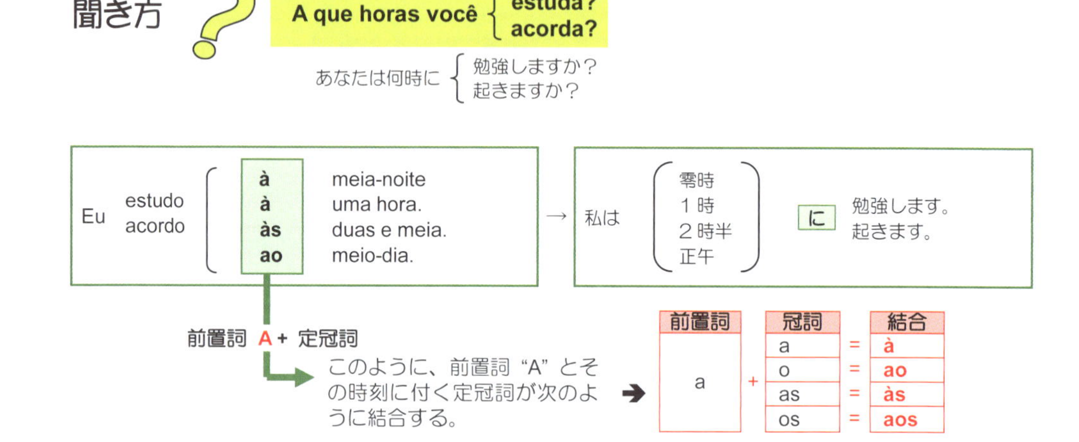

② 「〜時 から 〜時 まで」

行動の時間の範囲を表すときは、前置詞 “**DE**” と 前置詞 “**A**” の組み合わせを用い、開始時刻と終了時刻のそれぞれの前に定冠詞を置く。

聞き方 **De que horas a que horas você { estuda? / dorme?**

あなたは何時から何時まで { 勉強しますか？ / 寝ますか？

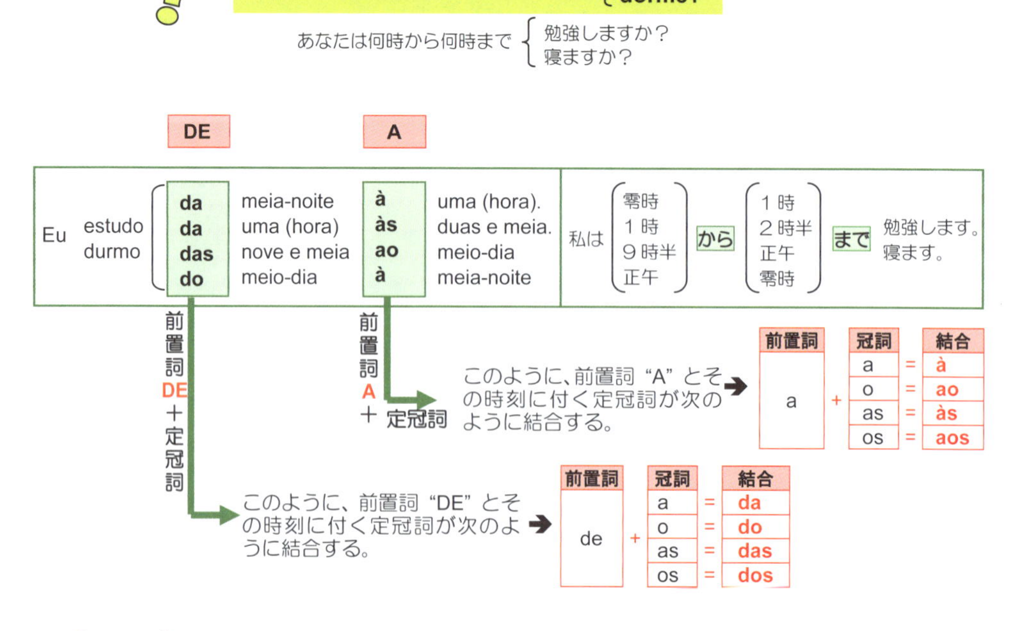

このパターン **“de … a …”** は、時刻に限らず、日にち、曜日、月などと組み合わせることもできる。この場合、冠詞が付かないので、前置詞をそのままの形で用いる。

Eu { estudo / viajo } **de** { sábado / janeiro / 3 de maio } **a** { domingo. / dezembro. / 15 de junho. }

「～時～分前に･･･をする」 または **「～時～分前から～時～分前までに･･･をする」** のように、時間の範囲を指定するときに「～時～分前」の形式を用いるとき、

dez minutos → minuto = 男性名詞

文法的には　Eu acordo **aos** dez para as oito.　（私は 8 時 10 分前に起きます。）が正しい言い方であるが、

実際は、　Eu acordo **às** dez para as oito.　と一般的に言われる。

EXERCÍCIOS

PARTE 1

1.　それぞれの時刻を午前・午後の両方の場合について書きなさい。

① 午前：____________________
　 午後：____________________

② 午前：____________________
　 午後：____________________

③ 午前：____________________
　 午後：____________________

④ 午前：____________________
　 午後：____________________

⑤ 午前：____________________
　 午後：____________________

⑥ 午前：____________________
　 午後：____________________

2. それぞれの時刻をポルトガル語で書きなさい。

2.1. 午後４時 10 分前です。

____

2.2. 午前８時 40 分です。

____

2.3. 午前１時です。

____

2.4. 午後零時半です。

____

2.5. 午前零時ちょうどです。

____

PARTE 2 CD 38

1. かっこ内の部分をポルトガル語に訳し、下線部を埋めなさい。

1.1. A minha aula de português é ______________________________
（午後１時から２時半まで）

1.2. Eu preciso tomar este remédio ______________________________
（8 時に）

1.3. No Brasil o banco abre ____________ e fecha ____________
（午前 10 時に）（午後 4 時に）

1.4. Os caixas eletrônicos do Brasil funcionam ______________________________
（24 時間）

1.5. No Brasil o horário de almoço é ______________________________
（正午から午後 2 時まで）

2. ポルトガル語に訳しなさい。

2.1. 彼らはいつも何時に起きますか。

____

2.2. 私の母は毎日午前 10 時から正午までスーパーで働きます。

____

2.3. 彼女は一日に 15 分ポルトガル語を勉強します。

____

2.4. あなたは週に何時間ポルトガル語を勉強しますか。

____

2.5. 彼女のお父さんは日曜日から日曜日まで働きます。

____

3. 答えに対する質問を書きなさい。

3.1. ______________________________?

Normalmente eu me deito à uma hora.

3.2. ______________________________?

O filme começa às oito horas em ponto.

3.3. ______________________________?

O meu filho trabalha 8 horas por dia.

3.4. ______________________________?

São exatamente duas horas.

3.5. ______________________________?

Da minha casa até a universidade leva 50 minutos.

4. ①から④のイラストに関して、「〇〇は____時から____時までです。」というパターンの文を書きなさい。

① ______________________________

② ______________________________

③ ______________________________

④ ______________________________

7

5. イラストを参考にしながらあなたの一日の日課をできるだけ詳しく書きなさい。第 6 課で習った時を表す副詞もうまく使いなさい（49 頁を参照)。

LIÇÃO 8

第 8 課

CONJUGAÇÃO E APLICAÇÕES DO VERBO ESTAR
【 ESTAR 動詞の活用と用法 】

Eu não estou muito bem...  CD 39

Paulo: – Você está bem?

Carla: – Não, eu não estou muito bem. Estou com dor de cabeça e o meu corpo está um pouco mole...

Paulo: – Você está com febre! Você precisa ir logo ao médico! Onde está a sua caderneta de saúde?

Carla: – Está em cima da mesa.

Paulo: – E onde está a chave do carro?

Carla: – Está dentro da minha bolsa.

Hoje está fazendo calor!

Paula: – Que calor!

Carlos: – É mesmo. Hoje está fazendo muito calor!

Paula: – Hoje o tempo está bom para ir para a praia!

8

1. CONJUGAÇÃO DO VERBO ESTAR (Presente do Indicativo) ESTAR 動詞の活用（直説法・現在形）  CD 40

第 2 課で習った SER 動詞は「永続的な性質」を表すのに対し（11 頁を参照）、ESTAR 動詞は、人や物の**一時的な状態**や**一時的な場所**を表すときに用いられ、日本語の「～である」「～にある」に当たる。SER と ESTAR が英語の BE 動詞に相当する。

VERBO ESTAR

（不規則動詞）

eu	**estou**
você ele ela	**está**
nós	**estamos**
vocês eles elas	**estão**

※下線部の音節にアクセントがある。

ESTAR 動詞は、口語では頭の "es" が落ちて一般的に右のように発音される。

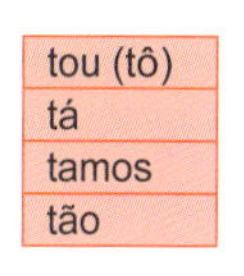

tou (tô)
tá
tamos
tão

2. APLICAÇÕES DO VERBO ESTAR
ESTAR 動詞の用法

使い方その1　一時的な状態

状態などを表すとき、日本語では「～です」、英語では "BE" を用いて、両者とも動詞の区別をしないが、ポルトガル語では、 **SER 動詞は 永続的な状態（特徴や一般的に変わらない性質）**を表すとき、 **ESTAR 動詞は 一時的な状態**を表すときに用いられ、状態の性質によって使い分ける。

SER	ESTAR
永続的な状態または一般的な事実を表す場合に用いられる	普段はともかく、そのときの一時的な状態を表す場合に用いられる
O céu **é** azul. 空は青いです。	O céu **está** cinza. 空は（本来は青だけれど今日はたまたま）グレーです。
Maria **é** bonita. マリアは美しいです。	Maria **está** bonita. マリアは（普段はともかく、今日は）美しいです。
Pedro **é** solteiro. ペドロは独身です。	Pedro **está** solteiro. ペドロは（結婚しているが奥さんが旅行したなどの理由で今日は）独身です。

他に一時的な状態の典型的な例として、**相手の様子**をたずねる場合が挙げられる。

- Como **está** você?／ Você **está** bem? （お気ですか？）
- Eu
  - **estou** muito bem, obrigado/a.（とても元気です、ありがとう）
  - **estou** bem, obrigado/a. （元気です、ありがとう）
  - não **estou** muito bem. （あまり元気ではありません）
  - não **estou** bem. （元気ではありません）
  - **estou** mal. （（気分が）悪いです）
  - **estou** gripado/a. （風邪を引いています）
  - **estou** cansado/a. （疲れています）

※ 答え方の他の例として、以下「使い方その2：精神的・肉体的状態」を参照。

また、形容詞（形容詞としての過去分詞を含む）を用いて**当日の天候**を表す場合にも ESTAR 動詞を用いる。

Hoje **está**
- frio. （今日は寒いです。）
- quente. （今日は暑いです。）
- abafado. （今日は蒸し暑いです。）
- nublado. （今日は曇っています。）

※ 当日の天候を表すために名詞を用いたり、天候に関する独自の動詞を用いたりする場合は、ブラジルでは現在進行形で表すことが多い。本課の「天候の表現：当日の天候」を参照。

※ 当日の天候ではなく、「冬は寒い」のような普遍的な真理を述べるときは、SER 動詞で表現する。

使い方その2　ESTAR COM ＋ 抽象名詞 ： 精神的・肉体的状態

ESTAR 動詞は、下記の通り、前置詞 “COM” と抽象名詞と組み合わせることにより、一時的な精神的・肉体的状態を表す。

VERBO ESTAR
（不規則動詞）

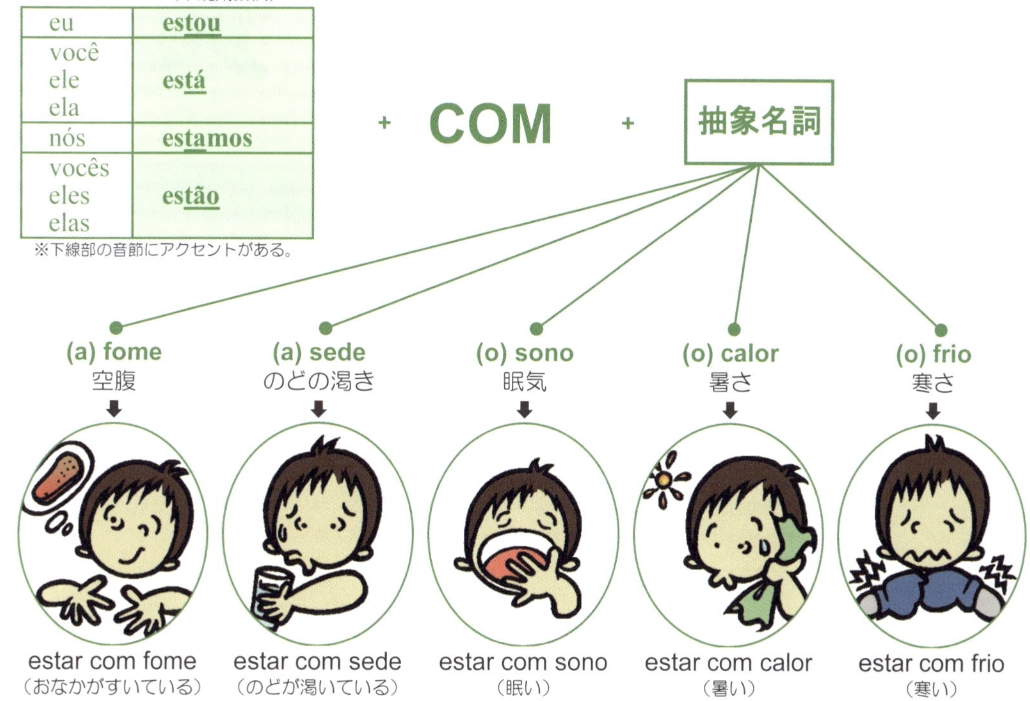

eu	estou
você ele ela	está
nós	estamos
vocês eles elas	estão

※下線部の音節にアクセントがある。

estar com fome（おなかがすいている）　estar com sede（のどが渇いている）　estar com sono（眠い）　estar com calor（暑い）　estar com frio（寒い）

例文：
A: Eu **estou com fome**. E você? → 私はおなかがすいています。あなたは？
B: Eu não **estou com fome**. Mas **estou com sede**! → 私はおなかはすいていないが、のどは渇いています。

“estar com” とともに用いるその他の精神的・肉体的状態を表す抽象名詞

- 怒り → (a) raiva
- 急ぎ → (a) pressa
- 意欲 → (a) vontade
- うらやみ → (a) inveja
- 幸運 → (a) sorte
- 怖さ → (o) medo
- 懐かしさ → (a) saudade / (as) saudades
- のろさ → (a) preguiça
- 恥 → (a) vergonha
- 不運 → (o) azar
- やきもち → (o) ciúme / (os) ciúmes

※1 何に対してこれらの精神的・肉体的状態を感じているかを表すには、前置詞 **DE** を用いて表現する。

例： Eu estou com inveja **de** você.
私はあなたのことがうらやましい。
Eu estou com vontade **de** chorar.
私は泣きたい。

※2 その度合いを表現するには、名詞の前に MUITO（とても）または UM POUCO DE（少し）を使う。その際、MUITO の場合は、名詞の性・数に合わせて MUITO – MUITA – MUITOS – MUITAS に変化する。（第 6 課、54 頁を参照）

例： Maria está com **um pouco de** vergonha.
マリアは少し恥ずかしがっている。
Maria está com **muito** medo do pai dela.
マリアは彼女のお父さんがとても怖い。
Maria está com **muitas** saudades de você.
マリアはあなたをとても懐かしがっている。

また、"estar com" で痛みや病気を表現できる：

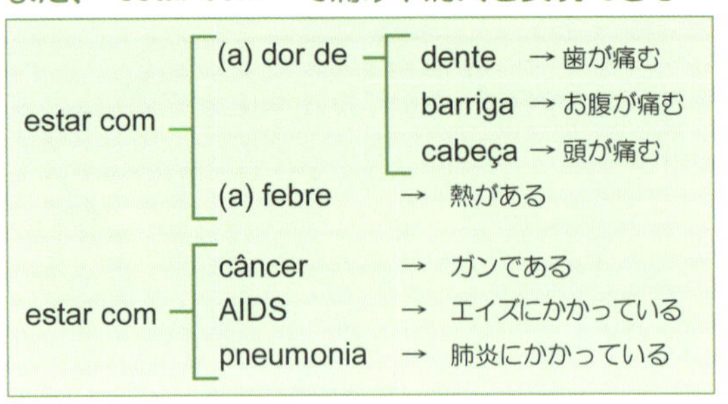

estar com ―
- (a) dor de ―
  - dente → 歯が痛む
  - barriga → お腹が痛む
  - cabeça → 頭が痛む
- (a) febre → 熱がある

estar com ―
- câncer → ガンである
- AIDS → エイズにかかっている
- pneumonia → 肺炎にかかっている

発展

「ESTAR COM」に代わる表現

「ESTAR COM ＋ 精神的・肉体的状態を表す抽象名詞」の表現では、ESTAR 動詞の性質上、一時的な状態を表す。下記の動詞で言い換えると、一時的ではなく、「最近」または「常時感じていること」の意味になる。

① 「ESTAR COM」の代わりに「ANDAR COM」を使えば：**最近そういう状態である**

Maria **anda com** ciúmes do namorado. → マリアは最近恋人に対してやきもちを焼いています。

Eu **ando com** muita sede. → 私は最近のどがとても渇きます。

② 「ESTAR COM」の代わりに「TER」を使えば：**常にそういう状態である**（第 9 課、83 頁を参照）

Maria **tem** ciúmes do namorado. → マリアは恋人に対して常にやきもちを焼いています。

Eu **tenho** muito medo de gato. → 私は猫がとても怖いです。

使い方その3　人間や移動できるものの所在地（一時的な所在地：現在地）

ポルトガル語で所在地を表すときは、**SER 動詞は土地や建物など動かないものの永続的な所在地**を表すときに用いるのに対し、**ESTAR 動詞は人やものなど移動できるものの一時的な所在地（現在地）**を表すときに用いる。

SER	ESTAR
建物、公園、部屋など、物理的に移動できないものの所在地や永続的場所を表すときに用いられる	人間や動物のように自ら移動できるものや、人間の力によって簡単に移動させることができるものの所在地（現在地）を表すときに用いられる
Onde **é** o banco? 銀行はどこですか（にありますか）？	Onde **está** Maria? マリアはどこですか（にいますか）？
O banco **é** perto da universidade. 銀行は大学の近くです（にあります）。	Maria **está** perto da universidade. マリアは大学の近くです（にいます）。
O correio **é** ao lado do banco. 郵便局は銀行の横です（にあります）。	A caneta **está** ao lado do livro. ペンは本の横です（にあります）。

場所を表す副詞 AQUI, AÍ, ALI, LÁ

場所を表すとき、第3課で習った右記の場所を表す副詞を用いることができる（24頁を参照）。

aqui	ここ
aí	そこ
ali	あそこ
lá	あそこ（ali より遠いところ）

Eu estou aqui.（私はここにいる。）
Você está aí.（あなたはそこにいる。）
Eles estão ali.（彼らはあそこにいる。）
Elas estão lá.（彼女たちは向こうにいる。）

場所を表す前置詞 EM

場所を表す前置詞は、以前習った前置詞 “**EM**”（及びその結合形）である（第 6 課、50 頁を参照）。

例えば、 A minha casa é (em) Nagoia mas eu estou (em) Tóquio agora.
私の家は名古屋にあるが、私は今東京にいる。

場所を表す前置詞句

それより詳しい場所を表したい場合は、前置詞 “em” の代わりに、下記の「場所を表す前置詞句」を使う。

 em cima de（～の上に）	 embaixo de または debaixo de（～の下に）	 em frente de（～の前に）	 atrás de（～の後ろに）
 dentro de（～の中に）	 fora de（～の外に）	 ao lado de（～の横に）	 entre A e B（AとBの間に）
 perto de（～の近くに）	 longe de（～の遠くに）		

例えば、

Maria mora em frente do banco.
マリアは銀行の前に住んでいる。

Eu estou dentro do meu carro.
私は私の車の中にいる。

※1 場所を表す前置詞句の対象が「私」（eu）の場合の注意点

「マリアは私の近くにいます」のように、「私」が場所を表す前置詞句の対象のときは、eu ではなく、**mim** という形を用いるので要注意。

例えば、 Maria está perto de mim.（マリアは私の近くにいる。）
Maria está entre mim e Paulo.（マリアは私とパウロの間にいる。）

※2 場所を表す前置詞句「em frente de」と「ao lado de」に関する注意点

「**em frente de**」と「**ao lado de**」の前置詞句を用いたとき、その対象が「**私**」「**あなた**」または「**私たち**」のときは、下記の別の形に変化するので要注意。

EM FRENTE DE の場合

Maria está na minha / sua / nossa frente.
マリアは 私の / あなたの / 私たちの 前にいる。

AO LADO DE の場合

Maria está ao meu / seu / nosso lado.
マリアは 私の / あなたの / 私たちの 横にいる。

8

使い方その4　現在進行形

ESTAR 動詞は、一定時に行われつつある動作を述べる進行形を作るときにも用いられる。現在進行形は、**ESTAR の現在形** ＋ **主動詞の現在分詞** （estar ～ndo）で形成され、英語の be ～ing に相当する。

VERBO ESTAR
（不規則動詞）

eu	**estou**
você ele ela	**está**
nós	**estamos**
vocês eles elas	**estão**

※下線部の音節にアクセントがある。

＋ **主動詞の現在分詞**

◎　現在分詞の作り方：－ R ＋ NDO

ポルトガル語の現在分詞は、動詞の原形から最後の “R” を取り、“NDO” を加えて形成される。この現在分詞の作り方のルールは、規則動詞、不規則動詞とも共通である。

例：

動詞の原形	- R　　+ NDO	現在分詞
comprar	– r　= compra　+ ndo　=	**comprando**
ser	– r　= se　+ ndo　=	**sendo**

例文： A:　O que você **está fazendo** agora?　→ あなたは今何をしていますか？

B:　Eu **estou me aprontando** para sair com o meu namorado. E você?　→ 私は、私の恋人と出かけるために支度をしています。あなたは？

A:　Eu **estou estudando** português...　→ 私はポルトガル語を勉強しています。。。

再起動詞の場合

主動詞が再帰動詞である場合、上記のルールに従って動詞を現在分詞にするが、第6課で見たように（52頁を参照）、再帰代名詞を、主語によって次のように変化させ、動詞の直前に置くことを忘れてはいけない。

➔ 例：aprontar-se
（支度する）

eu	estou	**me**	**aprontando**.
você ele ela	está	**se**	
nós	estamos	**nos**	
vocês eles elas	estão	**se**	

※1　ポルトガルのポルトガル語では、現在進行形は「ESTAR　A　動詞の不定詞」で表現される。

例えば、　ブラジル式では、
Eu **estou estudando**.

ポルトガル式では、
Eu **estou a estudar**.

※2　ブラジルポルトガル語では現在進行形は非常によく使われ、ほかの言語では一般的に現在形で表現される内容を、ブラジルでは進行形で表現することが多い（意味は現在形で表現するのと一緒であるが、進行形で言った場合は多少柔らかいニュアンスになる）。

例えば、 GOSTAR (like)　: Maria **está gostando** de Paulo.　→ マリアはパウロのことが好きだ。
（「好き」という感情が進行中である）

QUERER (want)　: Maria **está querendo** viajar.　→ マリアは旅行がしたい。
（「旅行がしたい」という気持ちが進行中である）

PODER (can)　: Maria não **está podendo** sair agora.　→ マリアは今出かけることができない。
（「出かけることができない」という状態が進行中である）

※3　また、往来発着の動詞に関しては、未来形の意味としても使われることが多い。

例えば、

Maria **está viajando** para o Brasil amanhã.　→ マリアは明日ブラジルに旅行する予定である。

Maria **está indo** para o Brasil no mês que vem.　→ マリアは来月ブラジルに行く予定である。

天候の表現　当日の天候

当日の天候を言うとき、ほとんどの場合は現在進行形を用いる。（非人称であるため、動詞は常に３人称単数）

fazer sol	chover	ventar	nevar
晴れる	雨が降る	風が吹く	雪が降る

例文：

Hoje **está fazendo** sol. → 今日は晴れている。

Hoje **está chovendo**. → 今日は雨が降っている。

Hoje **está ventando** muito. → 今日は風がたくさん吹いている。

Hoje **está nevando** um pouco. → 今日は雪が少し降っている。

その他の天候に関する動詞		
晴天である	→	fazer tempo bom
曇天である	→	fazer tempo ruim
暑い	→	fazer calor
寒い	→	fazer frio
小雨が降る	→	chuviscar
稲妻がする	→	relampejar
雷が鳴る	→	trovejar

しかし

過去分詞

Hoje está nublado. → 今日は曇っている。

の場合は、過去分詞を使うので要注意。

当日の天候でない場合は、天候を表す動詞を適切な時制で用いる。
この場合も、非人称であるため、動詞は３人称単数である。

例えば、

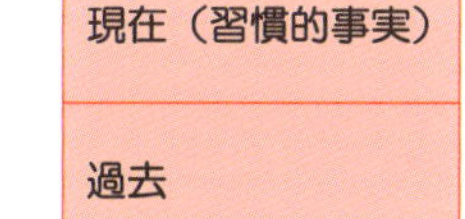

未来	→	Amanhã **vai fazer tempo bom**. 明日は晴天になる（予定です）。
現在（習慣的事実）	→	Lá **chove** muito mas não **faz** muito **frio**. 向こうではよく雨が降るがあまり寒くないです。
過去	→	Ontem **nevou** o dia todo. 昨日は一日中雪が降りました。

なお、普遍的な真理 として天候について述べるときは、SER 動詞を用いる。

例えば、

O inverno em Hokkaido **é** muito frio. 北海道の冬はとても寒いです。
O verão em Nagoia **é** quente e abafado. 名古屋の夏は蒸し暑いです。

EXERCÍCIOS

PARTE 1  CD 42

1. 例にならってSER動詞とESTAR動詞を使って対応する形容詞で文を作りなさい。

   例： ペドロ / 太っている ⇔ やせている
   Pedro é gordo mas ultimamente ele está magro.

   1.1. マリア／美しい ⇔ 醜い

   ____

   1.2. 私たち／裕福な ⇔ 貧乏な

   ____

   1.3. 私／幸せな ⇔ 不幸な

   ____

   1.4. 私の父／強い ⇔ 弱い

   ____

   1.5. これらの果物／高くてまずい ⇔ 安くておいしい

   ____

2. SER動詞またはESTAR動詞のいずれかを選び、空白にその活用形を入れて文を完成させなさい。

   2.1. A minha mãe ______________ baixa e magra.
   2.2. Hoje não ______________ muito frio.
   2.3. O inverno no Brasil não ______________ muito frio.
   2.4. Pedro e Maria ______________ muito bem, obrigado.
   2.5. O meu filho ______________ muito doente.

3. ポルトガル語に訳しなさい。

   3.1. このコーヒーは冷えてとてもまずいです！（ホットコーヒーのはず…）

   ____

   3.2. ペドロ、あなたの髪は長くないですか？（いつも短い髪のペドロに、「散髪でもしたら？」とのひとこと）

   ____

   3.3. 私のお母さんはきれいな（清潔な）家が好きですが最近私たちの家はとても汚れています。

   ____

   3.4. 私たちはイチゴが好きですが最近（イチゴは）あまりおいしくないです。

   ____

   3.5. 私はドルを買わなければなりませんが、最近円は安くドルは高くなっています。

   ____

PARTE 2 CD 43

1. ESTAR COM の適切な表現を使い、文を完成させなさい。

1.1. Você precisa ir ao médico. Você ______________________

1.2. Onde está o nosso casaco? Nós ______________________

1.3. Eu estou com vontade de beber água porque eu ______________________

1.4. Maria não fala comigo porque ela ______________________ de mim.

1.5. Os meus filhos não estão com vontade de comer. Eles não ______________________

2. ポルトガル語に訳しなさい。

2.1. 彼らは私に対してとても腹を立てているので私は彼らが怖いです。

____

2.2. 私は元気ではありません。寒くて少し頭痛がします。

____

2.3. 私の両親はブラジルにいます。私は彼らがとても懐かしいです。

____

2.4. 彼女の恋人はあなたに対してやきもちを焼いています。

____

2.5. あなたはおなかがすいていますか？このレストランの料理はとてもおいしいです。

____

PARTE 3 CD 44

1. SER 動詞または ESTAR 動詞のいずれかを使い、下記の物／人の所在地を明記しなさい。

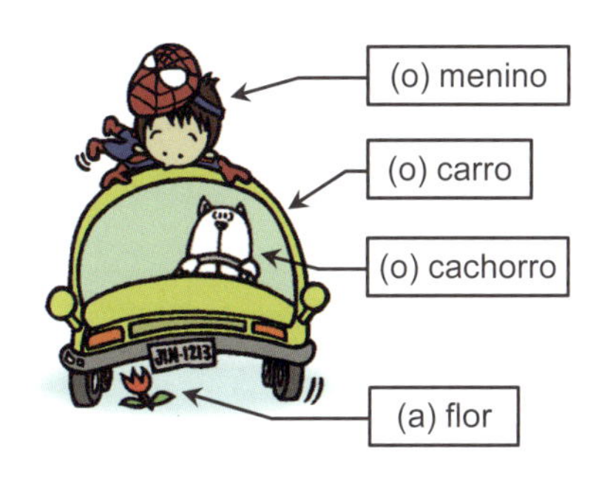

1.1. O menino ______________________

1.2. O cachorro ______________________

1.3. O carro ______________________

1.4. A flor ______________________

1.5. A escola ______________________

1.6. Os meninos ______________________

1.7. Os bolos e o copo ______________________

1.8. O copo ______________________ os bolos.

1.9. O menino ______________________

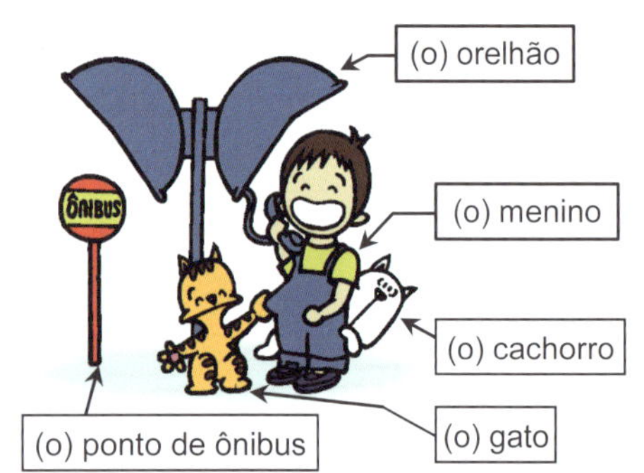

1.10. O gato ______________________

1.11. O orelhão ______________________

1.12. O cachorro ______________________

2. ポルトガル語に訳しなさい。

2.1. 私は家にいます。私の家は東京駅の近くにあります。

____

2.2. ブラジルは日本からとても遠いです。

____

2.3. マリアの息子たちはあなたの車の後ろにいます。

____

2.4. 彼のお父さんは私の横におり、私たちはドアの横にいます。

____

2.5. 私たちの車はパウロの車とマリアの車の間にあります。

____

1. それぞれの動詞の現在分詞を書きなさい。

1.1. estudar → ______________________

1.2. ir → ______________________

1.3. falar → ______________________

1.4. viajar → ______________________

1.5. comer → ______________________

1.6. dormir → ______________________

1.7. ler → ______________________

1.8. abrir → ______________________

1.9. ser → ______________________

1.10. fazer → ______________________

2. イラストを参考にして現在進行形で文を作りなさい。

① TOMAR BANHO ② DORMIR ③ LER UM LIVRO ④ ASSISTIR À TELEVISÃO

⑤ CASAR-SE ⑥ FAZER COMPRAS ⑦ LAVAR O ROSTO ⑧ CHOVER

① Nós ____

② O meu filho ____

③ Você ____

④ Eles ____

⑤ Os meus pais ____

⑥ Eu ____

⑦ Paulo ____

⑧ Hoje ____

3. 文を現在進行形にして書き直しなさい。

3.1. Maria estuda português com um professor brasileiro.

____

3.2. Nós trabalhamos naquele escritório novo.

____

3.3. Eu preciso muito de dinheiro.

____

3.4. Os meus pais viajam amanhã para o Brasil.

____

3.5. A minha irmã mais velha mora no Recife.

____

3.6. Os filhos dela se formam hoje.

____

3.7. Eu assisto à televisão no meu quarto.

____

3.8. Paula gosta de Ronaldo.

____

3.9. Você se preocupa demais com o seu filho.

____

4. 質問に答えなさい。

4.1. O que você está fazendo agora?

____

4.2. O que a sua mãe está fazendo agora?

____

4.3. Onde você está morando?

____

4.4. Para onde você está indo depois da aula?

____

4.5. Como está o tempo hoje?

____

LIÇÃO 9

第 9 課

VERBOS IRREGULARES ①
TER - QUERER - FAZER
【 不規則動詞①：TER・QUERER・FAZER 】

Eu faço aniversário no dia 5 de dezembro...

Ana: – Quantos anos você tem?

Paulo: – Eu tenho 19 anos mas logo, logo faço 20.

Ana: – Ah é? Quando você faz aniversário?

Paulo: – Eu faço aniversário no dia 5 de dezembro.

Ana: – Ah, então você é de sagitário! O meu filho também é. O que você quer ganhar de presente?

Paulo: – Eu quero um carro novo! Você não quer comprar um para mim?

この課と次の３つの課に渡ってポルトガル語でよく使われる重要な不規則動詞を学習する。この課では、まず、TER・QUERER・FAZER の３つの動詞の活用とその主な用法を紹介する。

① VERBO TER
TER 動詞　　～を持つ

TER 動詞は英語の “HAVE” に相当し、**「～がある（いる）」**、**「～を持っている」**というように、英語と類似した使い方もあるが、**存在**や**年齢**など、英語と異なった使い方もある。

1. CONJUGAÇÃO DO VERBO TER (Presente do Indicativo)
TER 動詞の活用（直説法・現在形）

VERBO TER
（不規則動詞）

eu	**te̲nho**
você ele ela	**te̲m**
nós	**te̲mos**
vocês eles elas	**tê̲m**

※下線部の音節にアクセントがある。

2. APLICAÇÕES DO VERBO TER
TER 動詞の用法

使い方その1　所有を表す【持つ】、【～がある（いる）】

Eu **tenho** dois irmãos. → 私には二人の兄弟がいます。
Ele não **tem** filhos. → 彼には子供がいません。
Maria **tem** uma casa na praia. → マリアは海岸に一軒の家を持っています。
Nós **temos** muitos amigos brasileiros. → 私たちにはたくさんのブラジル人の友達がいます。
Os meus pais não **têm** dinheiro. → 私の両親はお金を持っていません。

TER 動詞の対象について

TER 動詞の対象が数えられるものであるかどうかによって、一般的に肯定文と疑問文・否定文における対象名詞の形（単数か複数）が異なる。

対象が数えられるものである	
疑問文 否定文	・対象名詞は複数形で用いる
肯定文	・対象名詞は内容によって単数・複数を用い、それに合った数詞を前に置く

A: Você tem irmãos?
B1: Não, eu não tenho irmãos.
B2: Sim, eu tenho { um irmão. / dois irmãos.

A: Quantos filhos você tem?
B1: Eu não tenho filhos.
B2: Eu tenho { um filho. / dois filhos.

対象が数えられないものである	
疑問文 否定文	・対象名詞は単数形で用いる
肯定文	・対象名詞は単数形を用いる（数えられるものに言い換えた場合は、内容によって単数・複数を用い、それに合った数詞を前に置く）

A: Você tem tempo?
B1: Não, eu não tenho tempo.
B2: Sim, eu tenho tempo.

A: Quanto dinheiro você tem?
B1: Eu não tenho dinheiro.
B2: Eu tenho { um real. / dois reais.

TER 動詞の対象が数えられるものであっても：

しかし

① 「一つの」のように数を指定して質問する場合は、数詞 "um/uma" に続けて対象名詞を単数形で疑問文を作る。否定文の答えは、不定代名詞 "nenhum/nenhuma" を用いる。（不定代名詞については、第 12 課、109 頁を参照。）

A: Você tem um grampo aí?
B1: Não, eu não tenho nenhum (grampo) aqui.
B2: Sim, eu tenho { um (grampo) aqui. / dois (grampos) aqui.

② 一般的にひとつだけ持つことが普通の場合は、口語的には疑問文及び否定文でも単数形で表現することが多い。肯定文の答えについては、特に数を指定したくなければ、数詞は省略される。

A: Você tem namorada?
B1: Não, eu não tenho namorada.
B2: Sim, eu tenho namorada.

不定冠詞と数詞 1 は同じ形 "um / uma" をしているが、数詞の場合は、その前に「somente = だけ」を入れることができる。

例えば、Eu tenho **um** real. → Eu tenho **somente um** real.（数詞）
私は 1 レアル持っている。 → 私は 1 レアルだけ持っている。

Eu moro em **uma** casa grande. → Eu moro em ~~somente~~ **uma** casa grande.（不定冠詞）
私はある大きな家に住んでいる。 → 私はある~~だけ~~大きな家に住んでいる。

使い方その2　TER + 抽象名詞 で精神的・肉体的状態を表す

Eu **tenho** saudades do Brasil. → 私はブラジルが恋しいです。
Você **tem** medo de cachorro? → あなたは犬が怖いですか？
Eles **têm** inveja de mim. → 彼らは私のことをうらやましいと思っています。

抽象名詞		
怒り	→	(a) raiva
急ぎ	→	(a) pressa
意欲	→	(a) vontade
うらやみ	→	(a) inveja
怖さ	→	(o) medo
懐かしさ	→	(as) saudades
のろさ	→	(a) preguiça
恥	→	(a) vergonha
やきもち	→	(o) ciúme

ESTAR COM で表したときとの違い

第 8 課で「ESTAR COM + 抽象名詞」で精神的・肉体的状態の表し方を学んだが(71 頁を参照)、ESTAR COM と TER を用いたときの違いは下記の通りである。

ESTAR COM	➡	今の一時的な状態を表す
TER	➡	常にその状態であることを表す

使い方その3　非人称的に３人称単数形 TEM で存在を表す【～に○○がある】

Tem uma mesa livre aqui. → ここに空いたテーブルがひとつあります。
Tem um restaurante na universidade. → 大学にはレストランが一軒あります。
Tem muitos japoneses no Brasil. → ブラジルには多くの日本人がいます。

必ず場所を表す副詞（aqui, aí, lá など）や前置詞（EM）などを伴う

※1　同じ意味で TEM の代わりに HÁ（haver 動詞の３人称単数形）を用いることができる。

※2　非人称であるため、TEM（または HÁ）の次に複数形の名詞が来ても、動詞は常に３人称単数形のままで用いる。

※3　英語の “THERE IS/THERE ARE” に相当する。

9

使い方その4　TER QUE + 動詞の不定詞 で義務を表す【～しなければならない】

Eu **tenho que** estudar. → 私は勉強しなければなりません。
Ela **tem que** tomar este remédio logo. → 彼女はすぐこの薬を飲まなければなりません。
Vocês **têm que** ir ao banco hoje. → あなたたちは今日銀行に行かなければなりません。
Você **tem que** se levantar agora. → あなたは今起きなければなりません。

再帰（代名）動詞

再帰代名詞の変化については第 6 課、52 頁を参照。

※1　QUE の代わりに DE を用いることもできる。
Eu tenho **de** estudar.

※2　第 6 課で習った 「PRECISAR + 動詞の不定詞」（～をする必要がある）と同じ意味で使われる（51 頁を参照）。

② VERBO QUERER
QUERER 動詞

～が欲しい
～がしたい

QUERER 動詞は英語の “WANT” に相当し、後ろに **名詞** または **動詞の不定詞** のいずれかを置いて「～が欲しい」、「～をしたい」という希望・欲求を表すために用いる。

なお、「AはBに○○をして欲しい」のパターンも QUERER 動詞で表すが、○○の部分はもっと先に習う接続法を用いるので、ここでは「Aは～が欲しい」、「Aは～をしたい」のパターンにとどめる。

1. CONJUGAÇÃO DO VERBO QUERER (Presente do Indicativo)
QUERER 動詞の活用（直説法・現在形）

VERBO QUERER
（不規則動詞）

eu	quero
você ele ela	quer
nós	queremos
vocês eles elas	querem

※下線部の音節にアクセントがある。

2. APLICAÇÕES DO VERBO QUERER
QUERER 動詞の用法

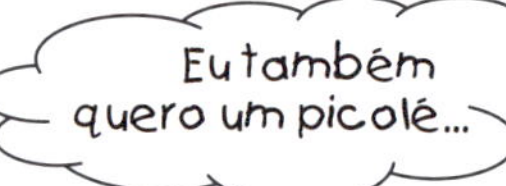

使い方その1　QUERER + 名詞　:【～が欲しい】

Eu **quero** um carro novo.　→　私は新しい車が欲しいです。
Vocês **querem** um cafezinho?　→　コーヒーはいかがですか？
Nós não **queremos** inimigos.　→　私たちは敵は欲しくありません。
Pedro **quer** muito aquela casa.　→　ペドロはあの家がとても欲しいです。

特定の（あるいは既に話題に出た）物が欲しい場合は、名詞の前に定冠詞または指示詞を用いる。
Eu quero **o** seu carro e não **o** dela.　→　私は彼女のではなく、あなたの車が欲しいです。
Eu quero **este** carro e não **aquele**.　→　私はあの車ではなく、この車が欲しいです。

不特定の（あるいは初めて話題にする）物が欲しい場合は、不定冠詞を用いる。（単数の場合のみ。複数の場合は、不定冠詞は消える。）
Eu quero **um** carro.　→　私は一台の車が欲しいです。
Eu quero carros.　→　私は複数の車が欲しいです。

使い方その2　QUERER + 動詞の不定詞 ：【～がしたい】

Eu **quero** estudar português. → 私はポルトガル語を勉強したいです。
Você **quer** se casar comigo? → あなたは私と結婚したいですか？
Pedro **quer** muito viajar para o Brasil. → ペドロはとてもブラジルに旅行したいです。
Nós **queremos** nos encontrar com você. → 私たちはあなたに会いたいです。
Eles não **querem** vender a casa. → 彼らは家を売りたくありません。

再帰（代名）動詞

再帰代名詞の変化については
第 6 課、52 頁を参照。

③ VERBO FAZER　FAZER 動詞　～する　～を作る

FAZER 動詞は英語の “DO” と “MAKE” に相当する部分があり、一般的に日本語の「する」に当たるが、熟語として用いられることが多い。

1. CONJUGAÇÃO DO VERBO FAZER (Presente do Indicativo) FAZER 動詞の活用（直説法・現在形）

CD 51

VERBO FAZER
（不規則動詞）

eu	**faço**
você ele ela	**faz**
nós	**fazemos**
vocês eles elas	**fazem**

※下線部の音節にアクセントがある。

2. APLICAÇÕES DO VERBO FAZER FAZER 動詞の用法

CD 52

使い方その1　【作る・する・させる】

Você **faz** o almoço e eu **faço** a sobremesa. → あなたは昼食を作り、私はデザートを作ります。
O que você está **fazendo** agora? → あなたは今何をしていますか？
Nós **fazemos** o dever de casa todos os dias. → 私たちは毎日宿題をします。
Os médicos sempre **fazem** o paciente esperar. → 医者はいつも患者を待たせます。

O que você faz? は、相手の職業を聞くための表現であり、第 2 課で習った “Qual é a sua profissão?” と同じ意味をもつが（13 頁を参照）、こちらの方がより一般的である。その答えは、例えば、“Eu sou estudante.” となる。

使い方その2　FAZ + 時間を表す語 + QUE ：時間の経過を表す

Faz tempo **que** não nos encontramos. → 私たちは長い間会っていません。
Faz 10 anos **que** eu moro no Japão. → 私は 10 年前から日本に住んでいます。
Faz uma hora **que** eu cheguei*. → 私は 1 時間前に着きました。

* cheguei は、chegar（着く）の完全過去 1 人称単数形。

※1　FAZ の次に複数形の名詞が来ても、動詞は常に３人称単数形のままで用いる。

再帰（代名）動詞

再帰代名詞の変化については第 6 課、52 頁を参照。

使い方その3　非人称的に３人称単数形で天候などを表す

Hoje **está fazendo** tempo bom. → 今日はいい天気です。
Hoje **está fazendo** frio. → 今日は寒いです。
No Brasil **faz** calor o ano todo. → ブラジルでは一年中暑いです。

第 8 課で習ったように、当日の天候を表す場合、ブラジルでは現在進行形で表現することが多い（75 頁を参照）。一方、普遍的な真理は、一般的に現在形で表現する。

使い方その4　熟語として

FAZER 動詞を用いた様々な熟語がある。例えば、

fazer aniversário	→ 誕生日を迎える	Eu **faço aniversário** amanhã. 私は明日誕生日を迎えます。
fazer ～ anos	→ ～才になる	Amanhã eu **faço 20 anos**. 明日私は 20 才になります。
fazer um favor	→ お願いを聞き入れる	Você **faz um favor** para mim? ひとつお願いを聞いてもらえますか？
fazer a unha	→ マニキュアをする	Maria **faz a unha** todas as semanas. マリアは毎週マニキュアをします。
fazer a barba	→ ひげを剃る・整える	O meu pai **faz a barba** todas as manhãs. 私の父は毎朝ひげを剃ります（整えます）。
fazer a mala	→ （スーツケースに）荷造りをする	Quando eu viajo, a minha mãe **faz a minha mala**. 私が旅行するとき、母が荷造りをします。
fazer a cama	→ ベッドを整える	Ela **faz a cama** todas as manhãs. 彼女は毎朝ベッドを整えます。
fazer faxina	→ 掃除をする	Eles **fazem faxina** só aos sábados. 彼らは土曜日にだけ掃除をします。
fazer arte	→ いたずらをする	O seu filho **faz arte** em casa? あなたの息子は家でいたずらをしますか？
fazer de conta que ～	→ ～のふりをする	Ele está **fazendo de conta** que é o Homem-Aranha. 彼はスパイダーマンであるふりをしています。
fazer pouco de ～	→ ～を軽視する	Você está **fazendo pouco de** mim? あなたは、私を軽視しているのですか？

EXERCÍCIOS

PARTE 1  CD 53

1. 質問に答えなさい。

   1.1. Quantos anos você tem?

   ____

   1.2. Quantos anos o seu pai tem?

   ____

   1.3. Quantos irmãos você tem?

   ____

   1.4. Quantos dias uma semana tem?

   ____

   1.5. Quantos meses um ano tem?

   ____

   1.6. Quantos restaurantes tem na sua universidade?

   ____

2. 例にならって、かっこ内の語を使って質問に答えなさい。

   例 1：Você tem filhos? (Não / o meu marido)
   Não, eu não tenho filhos mas o meu marido tem.

   例 2：Você tem filhos? (Sim / 2)
   Sim, eu tenho dois filhos.

   2.1. Pedro tem irmãos? (Não / elas)

   ____

   2.2. A senhora tem tempo? (Sim / 10 minutos)

   ____

   2.3. O seu pai tem carro? (Sim / 2)

   ____

   2.4. Maria tem primos? (Não / nós)

   ____

   2.5. Vocês têm casa no Brasil? (Não / os pais dela)

   ____

3. ポルトガル語に訳しなさい。

3.1. 私は 20 才で私の兄は 23 才です。

____

3.2. 私の姉の大学には大きな本屋が３軒あります。

____

3.3. 私の父はドイツ製の車を３台持っています。

____

3.4. あなたはポルトガル語を勉強しなければなりません。

____

3.5. 私の家の近くにはブラジルのレストランが２軒あります。

____

PARTE 2 CD 54

1. 例にならって、右のメニューを参考にして欲しいものを書きなさい。

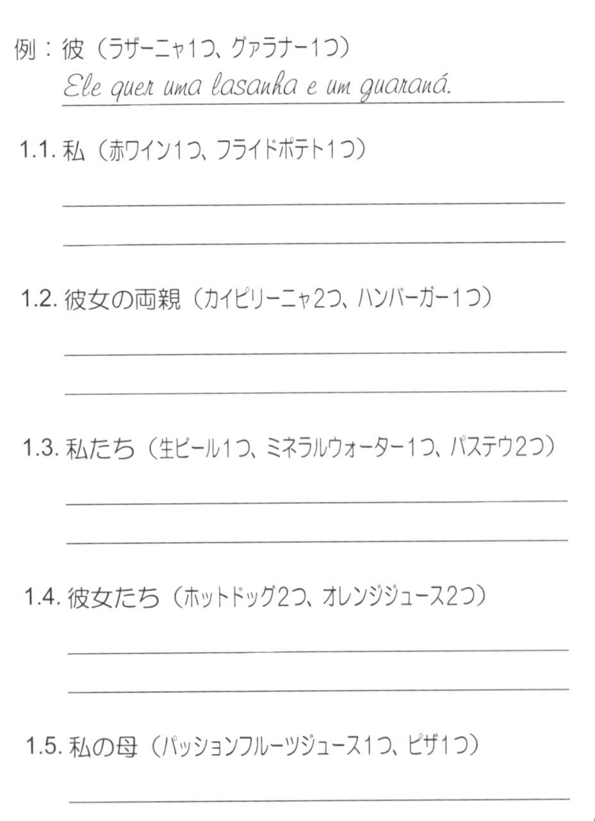

例：彼（ラザーニャ1つ、グァラナー1つ）
Ele quer uma lasanha e um guaraná.

1.1. 私（赤ワイン1つ、フライドポテト1つ）

____

____

1.2. 彼女の両親（カイピリーニャ2つ、ハンバーガー1つ）

____

____

1.3. 私たち（生ビール1つ、ミネラルウォーター1つ、パステウ2つ）

____

____

1.4. 彼女たち（ホットドッグ2つ、オレンジジュース2つ）

____

____

1.5. 私の母（パッションフルーツジュース1つ、ピザ1つ）

____

____

2. ポルトガル語に訳しなさい。

2.1. 彼女たちは旅行がしたいので、お金を貯めています。（お金を貯める = juntar dinheiro）

____

2.2. 私の両親は新しくて大きな家が欲しいです。

____

2.3. あなたはブラジルで私と住みたいですか？

____

2.4. 私はあなたのことが好きですが、あなたと結婚したくないです。

____

2.5. 私たちはあまりたくさんのお金が欲しくないです。

____

3. あなたがしたいことを書いて文を完成させ、日本語に訳しなさい。

3.1. Depois da aula ______________________________

授業の後 ______________________________

3.2. Neste fim de semana ______________________________

この週末 ______________________________

3.3. Quando eu chegar em casa ______________________________

家に着いたら ______________________________

3.4. Nas próximas férias de verão ______________________________

次の夏休み ______________________________

3.5. Quando eu me formar ______________________________

私が卒業したら ______________________________

1. 答えに対する質問を書きなさい。

1.1. ______________________________ ?
Eu estou assistindo à televisão.

1.2. ______________________________ ?
Hoje Maria faz 18 anos.

1.3. ______________________________ ?
O meu filho faz aniversário no dia 5 de dezembro.

1.4. ______________________________ ?
A minha mãe é dona de casa.

1.5. ______________________________ ?
Depois da aula eu quero fazer compras.

1.6. ______________________________ ?
Não, nós fazemos o dever de casa à noite.

2. ポルトガル語に訳しなさい。

2.1. 私の主人は毎晩夕食を作ります。

____

2.2. 私は1年前からポルトガル語を勉強しています。

____

2.3. 私たちは毎日掃除をしなければなりません。

____

2.4. マリアはまだ18才ですが、明日19才になります。

____

2.5. あなたたちは土曜日にどこに行きたいですか？

____

LIÇÃO 10

第 10 課

VERBOS IRREGULARES ②
IR - VIR
【 不規則動詞②： IR•VIR 】

Eu vou para aí de carro...

Maria: – Quando você vem para cá?

José: – Eu vou para aí no sábado.

Maria: – Você vem sozinho?

José: – Não, eu vou com a minha namorada.

Maria: – E como vocês vêm para cá?

José: – Nós vamos de carro.

前の課に引き続き、この課ではポルトガル語でよく使われる重要な不規則動詞を学習する。この課では、IR・VIR の２つの動詞の活用とその主な用法を紹介する。

VERBO IR
IR 動詞 行く

IR 動詞は英語の “GO” に相当し、本来の意味の「行く」以外に、近接未来を表すために広く用いられる。

1. CONJUGAÇÃO DO VERBO IR (Presente do Indicativo)
IR 動詞の活用（直説法・現在形）

VERBO IR
（不規則動詞）

eu	**vou**
você ele ela	**vai**
nós	**vamos**
vocês eles elas	**vão**

※下線部の音節にアクセントがある。

10

2. APLICAÇÕES DO VERBO IR
IR 動詞の用法

使い方その1　IR + 状態を表す副詞 ：【（ある状態に）ある】

A: Como **vai** você? → あなたはお元気ですか？
B: Eu **vou** bem mas ele **vai** mal. E vocês? → 私は元気ですが、彼は元気ではありません。あなたたちは？
A: Nós **vamos** mais ou menos. → 私たちはまあまあです。

使い方その2　IR PARA / A ～ ：【～へ（に）行く】

Eu **vou** para a sua casa de carro. → 私は車であなたの家に行きます。
Faz tempo que ele não **vai** ao Brasil. → 彼は長い間ブラジルに行っていません。
Maria sempre **vai** comigo para a praia. → マリアはいつも私と浜辺へ行きます。
Nós **vamos** para casa agora. → 私たちは今家に行きます（帰宅します）。
Eles **vão** à escola todos os dias. → 彼らは毎日学校へ行きます。

前置詞 "PARA" と "A" は両方とも方向を表す前置詞であるが、ブラジルでは "PARA" の方が広く用いられる。
なお、前置詞 "A" を用いた場合は、後に来る冠詞との結合を忘れずに！
前置詞 "PARA" と "A" の違いや前置詞との結合については、第 6 課、50 頁を参照。

使い方その3　IR + 動詞の不定詞 ：近接未来を表す【～をする予定である】

Eu **vou telefonar** para você amanhã. → 私は明日あなたに電話をかけます（かける予定です）。
O meu pai **vai viajar** no sábado. → 父は土曜日に旅行します（する予定です）。
Eles **vão se casar** na semana que vem. → 彼らは来週結婚します（する予定です）。

※1　英語の "going to + 動詞の原形" に相当する。

※2　未来を表す正式な時法として直説法未来形があるが、ブラジルではこの "IR + 動詞の不定詞" の方が広く用いられる。

※3　「... をしに行く」という意味にもなる。
例えば、Ele não **vai trabalhar** amanhã. と言った場合、「彼は明日働く予定がありません。」と訳せるが、「彼は明日働きに行きません。」とも訳せる。

不定詞の動詞が "IR" の場合
は、重複を避けるため、省略される。
例えば、
Eu vou ~~ir~~ para o Brasil amanhã.
私は明日ブラジルに行きます（行く予定です）。

未来の時を表す副詞

明日 → amanhã
明後日 → depois de amanhã

前置詞 "EM" + 時を表す名詞 + QUE VEM			
来週 →	na	semana	que vem
来月 →	no	mês	que vem
来年 →	no	ano	que vem
次の土曜日→	no	sábado	que vem

使い方その4　1人称複数形 VAMOS + 動詞の不定詞 ： 【～をしましょう】

A: **Vamos** viajar para o Brasil?　→ ブラジルに旅行しましょう！
B: **Vamos**!　→ しましょう！

A: **Vamos** ao cinema no domingo?　→ 日曜日に映画館へ行きましょう！
B: **Vamos**!　→ 行きましょう！

※1　英語の "let's + 動詞の原形" に相当する。

不定詞の動詞が "IR" の場合
は、重複を避けるため、省略される。
例えば、
Vamos ~~ir~~ para a minha casa?
私の家に行きましょう！

② VERBO VIR　VIR 動詞　　来る

VIR 動詞は英語の "COME" に相当し、日本語の「来る」の意味に当たるが、日本語よりも限られた範囲で使われる。すなわち、ポルトガル語の VIR 動詞はあくまでも話し手が実際にいる場所（またはその近辺）に向かうときに利用される。

1. CONJUGAÇÃO DO VERBO VIR (Presente do Indicativo)
VIR 動詞の活用（直説法・現在形）

CD 59

VERBO VIR
（不規則動詞）

eu	venho
você ele ela	vem
nós	vimos
vocês eles elas	vêm

※下線部の音節にアクセントがある。

10

2. APLICAÇÕES DO VERBO VIR
VIR 動詞の用法

使い方その1　VIR PARA / A ～ ：【～へ（に）来る】

Eu **venho** para a universidade de carro. → 私は車で大学に来ます。
Pedro **vem** muito a este parque. → ペドロはよくこの公園に来ます。
Vocês **vêm** sempre ao Japão? → あなたたちはいつも日本に来ますか？

使い方その2　VIR DE ～ ：【～から来る】

Eu **estou vindo** da sua casa. → 私はあなたの家から来ています。
Vocês vão **vir** de Tóquio? → あなたたちは東京から来る予定ですか？
Eles não **vêm** daquele lado. → 彼らはあの方向から来ません。

使い方その3　VIR + 動詞の不定詞 ：【～をしに来る】

Eu sempre **venho estudar** na biblioteca. → 私はいつも図書館に勉強しに来ます。
O meu pai **vem trabalhar** muito aqui. → 父はよくここに働きに来ます。
Eles **vêm assistir** à televisão aqui todos os dias. → 彼らは毎日ここにテレビを見に来ます。

ADVÉRBIOS DE LUGAR
場所を表す副詞

"IR" と "VIR" を使うとき、下記の場所を表す副詞を伴うことが多い。

ir	**AÍ**	→ そこ	（聞き手に近い場所に行く）
	ALI	→ あそこ	（話し手と聞き手の両方に遠い場所に行く）
	LÁ	→ あそこ	（"ALI" よりも遠い場所に行く）

vir	**AQUI**	→ ここ	（話し手に近い場所に来る）
	CÁ	→ ここ	（話し手に近い場所に来る）

例： O meu pai vem **aqui** todos os dias. → 私の父は毎日ここに来ます。
Eles sempre vêm para **cá** depois da aula. → 彼らはいつも授業の後ここに来ます。
Você vem para **cá** e eu vou para **aí**. → あなたはここに来て私はそこに行きます。
Eles vão para **lá** amanhã. → 彼らは明日向こうに行きます。

AQUI の前には一般的に前置詞を置かない。

例： Eu sempre venho para **cá**.
Eu sempre venho **aqui**.
私はいつもここに来ます。

また、副詞 **AÍ, ALI, LÁ** の場合、口語で前置詞が省略されることがある。

例： Eu vou (para) **aí** amanhã. → 私は明日そこに行きます。
Nós vamos (para) **ali** agora. → 私たちは今あそこに行きます。
Eles vão (para) **lá** depois. → 彼らは後であそこに行きます。

発展

Meios de Locomoção
交通手段

“IR” と “VIR” を使って、目的地や出発地のほかに利用する交通手段を表すことがある。
交通手段を表す表現は、「徒歩で」のみ前置詞 “A” を伴うが、その他は全部前置詞 “DE” を伴う。

ir / vir	**de**	carro	（車で行く・来る）
		táxi	（タクシーで行く・来る）
		ônibus	（バスで行く・来る）
		metrô	（地下鉄で行く・来る）
		trem	（電車で行く・来る）
		trem bala	（新幹線で行く・来る）
		avião	（飛行機で行く・来る）
		navio	（船で行く・来る）
		bicicleta	（自転車で行く・来る）
		motocicleta	（バイクで行く・来る）
		carona	（乗せてもらって行く・来る）

しかし

ir / vir	**a**	pé	（徒歩で行く・来る）

A

例1： A: Como você vai para casa? → あなたはどうやって自宅へ行きますか？
B: Eu vou para casa **de carro**. E você? → 私は車で自宅へ行きます。あなたは？
A: Eu vou para casa **a pé**. → 私は歩いて自宅へ行きます。

例2： A: Como você vem para a universidade? → あなたはどうやって大学に来ますか？
B: Eu venho para a universidade **de ônibus**. E você? → 私はバスで大学に来ます。あなたは？
A: Eu venho para a universidade **de carona** com o meu pai. → 私は父に乗せてもらって大学に来ます。

EXERCÍCIOS

1. 例にならって文を作りなさい。

例： Eu (ir) universidade （車で）
Eu vou para a universidade de carro.

1.1. Maria (ir) Brasil （飛行機で）

____

1.2. Eles (vir) trabalho （乗せてもらって）

____

1.3. Nós (ir) Tóquio （新幹線で）

____

1.4. Nós (vir) universidade （徒歩で）

____

10

2. IR 動詞または VIR 動詞のいずれかを用いて会話を完成させなさい。

Maria: Você ______________ para cá no fim de semana?

Paulo: Não, eu não ______________. Eu ______________ trabalhar no sábado.

Maria: Então eu ______________ para a casa dos meus pais.

Paulo: Você ______________ sozinha?

Maria: Não, a minha irmã ______________ para cá amanhã e acho que nós ______________ juntas.

Paulo: Vocês ______________ de trem?

Maria: Acho que nós ______________ de carro.

Paulo: Então na volta por que vocês não ______________ para cá? Nós podemos pelo menos jantar juntos.

Maria: Tudo bem. Eu ______________ falar com a minha irmã e depois telefono de novo para você.

3. ポルトガル語に訳しなさい。

3.1. あなたのお父さんは、明日何時にここに来る予定ですか。

____

3.2. 私はいつも車で大学に来ますが、来週は歩いて来る予定です。

____

3.3. 私は来月ブラジルに行く予定です。私とブラジルに行きましょう。

____

3.4. 来年私たちは卒業し、(各自は) 一人で住む予定です。

____

3.5. 私の両親は毎年姉を訪れますが、今年は姉がここに来る予定です。

____

3.6. あなたはいつもあなたの恋人 (女性) に乗せてもらって仕事に行きますか？

____

LIÇÃO 11
第 11 課

VERBOS IRREGULARES ③
PODER – SABER – CONSEGUIR
【 不規則動詞③：PODER・SABER・CONSEGUIR 】

Você sabe falar japonês?  CD 62

Alice: – Você pode ler esta carta para mim?

Kenji: – Claro. Mas você está estudando japonês, não está? Você ainda não sabe ler?

Alice: – Ler, não. Eu só sei falar algumas coisas. Não consigo decorar todos esses caracteres japoneses.

Kenji: – É, a escrita japonesa é muito difícil até mesmo para os japoneses.

前の課に引き続き、この課ではポルトガル語でよく使われる重要な不規則動詞を学習する。この課では、日本語の「〜できる」の意味をもつ PODER・SABER・CONSEGUIR の３つの動詞の活用とその主な用法を紹介する。

① VERBO PODER PODER 動詞 〜できる

PODER 動詞は英語の "CAN"、日本語の「〜できる」に相当し、「許可」や「禁止」については英語と類似した使い方であるが、「可能性」については「状況的にすることができる」といった意味に限定され、英語より狭い範囲で用いられる。

1. CONJUGAÇÃO DO VERBO PODER (Presente do Indicativo) PODER 動詞の活用（直説法・現在形）  CD 63

VERBO PODER
（不規則動詞）

eu	posso
você ele ela	pode
nós	podemos
vocês eles elas	podem

＋ 動詞の不定詞

※下線部の音節にアクセントがある。

2. APLICAÇÕES DO VERBO PODER
PODER 動詞の用法

使い方その1 可能性 【〜できる】

A: Você **pode** ir ao banco? → あなたは銀行に行けますか？
B: Não **posso**. Eu tenho que estudar agora. → 行けません。今私は勉強しなければなりません。

注意

ポルトガル語では状況的にできる場合、つまり、そのときにできるかできないかという可能性の場合は、このように PODER 動詞を用いる。

- この例文に SABER 動詞を用いると、「銀行への行き方が分かりますか？」といった質問になる。本課の ②SABER 動詞「使い方その２」と対比してください。
- また、CONSEGUIR 動詞を用いると、例えば、子供を初めて一人で行かせる場合などに、「いろんなことがあるだろうが、あなたはそれを乗り越えて銀行に行くことができますか？」といった質問になる。本課の ③CONSEGUIR 動詞「使い方その１」と対比してください。

使い方その2 許可・禁止 【〜してもいい・〜してはいけない】

A: Eu **posso** fumar aqui? → ここでタバコを吸ってもいいですか？
B: Não, aqui não se **pode** fumar. → いいえ、ここではタバコを吸ってはいけません。

この “SE” は、もっと先に習うが、不特定多数の主語を表すものである。つまり、特定の人がここでタバコを吸ってはいけないという意味ではなく、誰も吸ってはいけないことを意味する。この場合の動詞は、３人称単数形と決まっている。

A: Os seus filhos **podem** nadar? → あなたの息子たちは泳いでもいいですか？
B: Não **podem**. Eles estão com otite. → いけません。今彼らは中耳炎です。

注意

ポルトガル語では PODER 動詞を用いると、このように「許可」の意味になることが多いので要注意。「泳げますか」のようにその技能を聞きたい場合は、ポルトガル語では SABER 動詞を用いる。本課の ②SABER 動詞「使い方その１」と対比してください。

使い方その3　依頼　【～してもらえますか？】

A: Você **pode** falar mais devagar?　→　もっとゆっくり話してもらえますか？
B: Pois não.　→　わかりました。

A: Você **pode** escrever o seu nome aqui, por favor?　→　ここに名前を書いてもらえますか？
B: Não **posso**. Eu não sei escrever.　→　できません。私は文字が書けません。

丁寧な言い方 にするには、PODER 動詞を過去未来形で用いる。（英語の "COULD"に当たる。）
例えば、　O senhor **poderia** falar mais devagar, por favor?
　　　　　すみませんがもっとゆっくり話していただけますか？

「できません」という答えは、「状況的に可能ではない」の意味をもっている。（本課の ① PODER 動詞「使い方その１」を参照。）

なお、「文字が書けません」（"Eu não sei escrever."） については、「技能としてできない」の意味で SABER 動詞を用いている。（本課の ②SABER 動詞「使い方その１」を参照。）

② VERBO SABER
SABER 動詞　～できる

SABER 動詞の本来の意味は「知る」であるが、「技能としてできる」という意味でも用いられるため、英語の "CAN" 、日本語の「～できる」に相当する部分がある。

1. CONJUGAÇÃO DO VERBO SABER (Presente do Indicativo)
SABER 動詞の活用（直説法・現在形）

CD 65

VERBO SABER
（不規則動詞）

eu	sei
você ele ela	sabe
nós	sabemos
vocês eles elas	sabem

※下線部の音節にアクセントがある。

2. APLICAÇÕES DO VERBO SABER
SABER 動詞の用法

使い方その1　技能としてできる　【〜できる】

SABER + 動詞の不定詞

A: Os seus filhos **sabem** nadar? → あなたの息子たちは泳げますか？
B: Não **sabem**. Eles vão entrar para a escolinha de natação no ano que vem. → 泳げません。彼らは来年水泳教室に入ります。①

A: Você **sabe** falar português? → あなたはポルトガル語を話せますか？
B: Eu **sei** falar só um pouco. → 少しだけ話せます。②

注意

ポルトガル語では技能としてできる場合は、このように SABER 動詞を用いる。

① この例文に PODER 動詞を用いると「許可」の意味になる（但し、答えの後半の部分は前半とかみ合わなくなる）。本課の ①PODER 動詞「使い方その２」と対比してください。

また、CONSEGUIR 動詞を用いると「いろんな事情があるにもかかわらず彼らは泳ぐことができますか？」といった質問になる。本課の③CONSEGUIR 動詞「使い方その１」と対比してください。

② この例文に PODER 動詞を用いると、「許可」や「依頼」の意味になる（但し、「依頼」の場合、答えの後半の部分は前半とかみ合わなくなる）。本課の ①PODER 動詞「使い方その２・その３」と対比してください。

また、CONSEGUIR 動詞を用いると「あなたには相当の努力が必要だと思うが、あなたはポルトガル語を話すことができますか？」といった質問になるので要注意。本課の③CONSEGUIR 動詞「使い方その１」と対比してください。

使い方その2　知識に基づいてできる　【～の仕方が分かる】

SABER + 動詞の不定詞

A: Você **sabe** ir ao banco? → あなたは銀行に行けますか？（あなたは銀行への行き方が分かりますか？）①

B: **Sei**. Eu não preciso do mapa. → 分かります。地図は必要ありません。

A: Você **sabe** ler esta palavra? → あなたはこの単語を読めますか？（あなたはこの単語の読み方が分かりますか？）②

B: Não **sei**. Vamos perguntar ao professor. → 分かりません。先生に聞きましょう。

注 意

ポルトガル語では知識に基づいて何かが分かる・できる場合は、このようにSABER動詞を用いる。

① この例文にPODER動詞を用いると「可能性」の意味になる（但し、答えの後半の部分は前半とかみ合わなくなる）。本課の ①PODER動詞「使い方その1」と対比してください。

また、CONSEGUIR 動詞を用いると「いろんなことがあるだろうが、あなたはそれを乗り越えて銀行に行くことができますか？」といった質問になる。本課の ③CONSEGUIR動詞「使い方その1」と対比してください。

② この例文に PODER動詞を用いると、質問は「依頼」、答えは「可能性」の意味になる（但し、答えの後半の部分は前半とかみ合わなくなる）。本課の ①PODER動詞「使い方その1・その3」と対比してください。

また、CONSEGUIR 動詞を用いると「字が小さいなどの事情があるが、あなたは読めますか？」といった質問になる。本課の③CONSEGUIR 動詞「使い方その1」と対比してください。

使い方その3　知識・情報として知っている　【～を知っている】

SABER + 疑問詞で始まる質問
SABER SOBRE（または **DE**） **+** 名詞
SABER QUE + 文
SABER SE + 文

この用法については、第12課、106頁を参照。ここでは以下のことだけを学ぼう。

私は知らない…
私は分からない…

私は知っている！
私は分かる！

③ VERBO CONSEGUIR CONSEGUIR 動詞 　～できる

CONSEGUIR 動詞はブラジルで非常によく使われ、「何らかの努力をした結果、できる」という意味をもつため、英語の “CAN” 、日本語の「～できる」に相当する部分がある。

1. CONJUGAÇÃO DO VERBO CONSEGUIR (Presente do Indicativo) CONSEGUIR 動詞の活用（直説法・現在形）

CD 67

VERBO CONSEGUIR
（不規則動詞）

eu	**consigo**
você ele ela	**consegue**
nós	**conseguimos**
vocês eles elas	**conseguem**

※下線部の音節にアクセントがある。

＋ 動詞の不定詞

2. APLICAÇÕES DO VERBO CONSEGUIR CONSEGUIR 動詞の用法

CD 68

使い方その1 努力してできる 【～できる】

CONSEGUIR ＋ 動詞の不定詞

A: Você **consegue** ler aquele cartaz? → あなたはあの看板が読めますか？
B: **Consigo**. A minha vista é muito boa. → 読めます。私の視力はとてもいいです。 ①

A: Você **consegue** explicar este texto? → あなたはこの文書を説明できますか？
B: Não **consigo**. Esse texto é muito difícil. → できません。その文書はとても難しいです。 ②

注 意

ポルトガル語では、何らかの努力をした結果、あるものをすることができる場合は、このように CONSEGUIR 動詞を用いる。

① この例文で PODER 動詞を用いると、質問の方は「依頼」、答えの方は「可能性」として解釈される。本課の ①PODER 動詞「使い方その１・その３」と対比してください。

また、SABER 動詞を用いると、「読み方」が分かるかどうかの質問になる。本課の ②SABER 動詞「使い方その２」と対比してください。

② この例文で PODER 動詞を用いると、質問の方は「依頼」、答えの方は「可能性」の意味になる（但し、答えの後半の部分は前半とかみ合わなくなる）。本課の ①PODER 動詞「使い方その１・その３」と対比してください。

また、SABER 動詞を用いると、「説明の仕方」が分かるかどうかの質問になる。本課の ②SABER 動詞「使い方その２」と対比してください。

特に努力が必要でない場合 や技能などのようにそれを身に付ければ誰にでもできることに対して CONSEGUIR 動詞を用いると、相手をバカにしているように解釈される恐れがあるので気を付けましょう。

例えば、 Você **consegue** falar português? と聞くと、相手にはポルトガル語を話すのに相当の努力が必要だという前提での質問となり、相手を軽視することになるので、この使い方は避けましょう。

代わりに Você **sabe** falar português? と聞きましょう。

発展

DAR PARA + 動詞の不定詞

「DAR PARA + 動詞の不定詞」 も日本語の「～できる」に相当し、ブラジルで非常によく使われる表現である。

ただ、この課で習った PODER と CONSEGUIR のように、誰かが何かをすることができるかできないかという形ではなく、非人称的に、常に三人称単数形で用いられる。そのため、主語よりも、あることが「できる」または「できない」という結果に焦点を当てたいときに最も適した形だと言える。

例えば、Não **dá para** viver assim. → そのようには生きていけません。

なお、主語を明示したい場合には、PARA の次には意味上の主語を置き、その次に動詞の不定詞を置く。

VERBO DAR
(不規則動詞)
直説法現在形

eu	dou
você ele ela	dá
nós	damos
vocês eles elas	dão

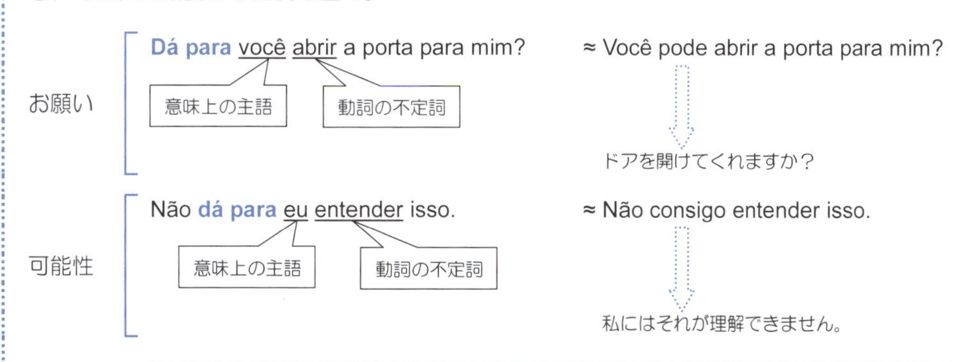

意味上の主語が EU の場合の注意

以前、前置詞の後ろに EU が来る場合は、MIM に変わると習ったが、それは動詞の目的語の役割を果たす EU の場合である。
例えば、Ele compra este livro para **mim**. → 彼はこの本を私に買います。
目的語

しかし、DAR PARA の場合、EU はその動詞の目的語ではなく、次に来る動詞の主語であるため、主格人称代名詞（EU）の形で用いるので、注意しましょう。
例えば、Não dá para **eu** comprar este livro. → 私はこの本を買えません。
主語

11

EXERCÍCIOS

CD 69

1. 具体的な状況を想像し、それぞれのワク内から単語を選んで５つの文を作りなさい。

eu você ela nós eles	(não)	**poder** **saber** **conseguir**	falar português ir para a universidade nadar entender esta matéria fazer compras dirigir carro ajudar o meu pai

① ______________________________

② ______________________________

③ ______________________________

④ ______________________________

⑤ ______________________________

2. ポルトガル語に訳しなさい。

2.1. 私はポルトガル語を話せますが、この単語は理解できません。（理解する = entender）

____

2.2. あなたは明日私と大学に行けますか？

____

2.3. 私は新しい車を買いたいですが、お金がないので買えません。

____

2.4. 私たちはおなかが空いています。このピザを食べてもいいですか？

____

2.5. 私は明日早く起きなければいけませんが、今は眠れません。

____

2.6. 私は運転できないのであなたの家に車で行くことができません。

____

LIÇÃO 12

第 12 課

VERBOS IRREGULARES ④ SABER – CONHECER

【 不規則動詞④：SABER・CONHECER 】

Eu não conheço o Ronaldo mas sei que ele é famoso... CD 70

Paula: – Você sabe quem é Ronaldo?

Koji: – Sei. É um jogador de futebol brasileiro, não é?

Paula: – É, sim. Ele é muito famoso no mundo todo.

Koji: Infelizmente eu conheço o Ronaldo só pela televisão. Ele e os gols incríveis dele. E você?

Paula: – Eu não conheço o Ronaldo mas eu conheço a esposa dele. Ela é muito simpática.

前の課に引き続き、この課ではポルトガル語でよく使われる重要な不規則動詞を学習する。この課では、日本語の「～を知っている」の意味をもつ SABER・CONHECER の２つの動詞の活用とその主な用法を紹介する。

① VERBO SABER SABER 動詞 ～を知っている

SABER 動詞は、第 11 課で「技能としてできる」の意味で習ったが（100 頁を参照）、この動詞の本来の意味は「知る」であり、英語の "KNOW" に相当するが、「知識として知る」に限定される。

1. CONJUGAÇÃO DO VERBO SABER (Presente do Indicativo) SABER 動詞の活用（直説法・現在形）

VERBO SABER
（不規則動詞）

eu	**sei**
você ele ela	**sabe**
nós	**sabemos**
vocês eles elas	**sabem**

※下線部の音節にアクセントがある。

12

2. APLICAÇÕES DO VERBO SABER
SABER 動詞の用法

使い方その1　技能としてできる　【～できる】

SABER + 動詞の不定詞

この用法については、第 11 課、100 頁を参照。

使い方その2　知識に基づいてできる　【～の仕方が分かる】

SABER + 動詞の不定詞

この用法については、第 11 課、101 頁を参照。

使い方その3　知識・情報として知っている　【～を知っている】

SABER + 疑問詞で始まる質問
SABER SOBRE（または **DE**）**+** 名詞
SABER QUE + 文
SABER SE + 文

A: Você **sabe** **quem** é Paulo? → あなたはパウロが誰なのか知っていますか？
B: **Sei**, sim. É o primo da Maria, não é? Mas eu não o* conheço. → 知っています。マリアの従兄弟でしょう？でも私は彼に会ったことがないです。①
*この "o" は、「彼を」の意味をもつ直接目的格人称代名詞。

A: Você **sabe** **onde** fica o Brasil? → あなたは、ブラジルがどこにあるか知っていますか？
B: **Sei**, sim. Fica na América do Sul. → 知っています。南米にあります。②

A: O que você **sabe** **sobre** João? → あなたはジョアウンについて何を知っていますか？
B: Eu **sei** **que** ele é casado. → 私は彼が結婚していることを知っています。

A: Você **sabe** **se** Hiroko fala português? → あなたはヒロコがポルトガル語を話すかどうか知っていますか？
B:Não **sei**. Mas eu **sei** **que** ela fala inglês.→ 知りません。でも彼女が英語を話すことは知っています。

注 意

ポルトガル語で知識•情報として知る場合は、このように SABER 動詞を用いる。

① この例文では、パウロに会ったことがあるかどうかはともかく、パウロについての知識をもっているという意味での「知る」になる。「面識があるので知っている」と聞きたい場合は、CONHECER 動詞を用いる。本課の②CONHECER 動詞「使い方その１」を参照。

② この例文では、ブラジルに行ったことがあるかどうかはともかく、ブラジルについての知識をもっているという意味での「知る」になる。「行ったことがあるので知っている」と聞きたい場合は、CONHECER 動詞を用いる。本課の②CONHECER 動詞「使い方その３」を参照。

② VERBO CONHECER
CONHECER 動詞　～を知っている

CONHECER 動詞は規則的な活用をするが、SABER 動詞との対比をするためにこの課で紹介する。

CONHECER 動詞は、英語の "KNOW"、日本語の「知っている」 に相当する部分があるが、「体験的に知る」というニュアンスを含むため、人に対しては「面識がある」、物に対しては「見たことがある」、場所に対しては「行ったことがある」という意味になる。

1. CONJUGAÇÃO DO VERBO CONHECER (Presente do Indicativo)
CONHECER 動詞の活用（直説法・現在形）

CD 73

VERBO CONHECER
（規則動詞）

eu	**conheço**
você ele ela	**conhece**
nós	**conhecemos**
vocês eles elas	**conhecem**

※下線部の音節にアクセントがある。

＋ 人・物・場所

2. APLICAÇÕES DO VERBO CONHECER
CONHECER 動詞の用法

CD 74

使い方その1　人を知っている　【～と面識がある】

CONHECER + 人

A: Você **conhece** Maria? → あなたはマリアを知っていますか？（あなたはマリアと面識がありますか？）

B: Não **conheço**. Mas sei que ela é brasileira. → 知りません（面識がありません）。でも彼女がブラジル人であることは知っています。

A: Vocês **conhecem** a minha professora? → あなたたちは私の先生を知っていますか？（あなたたちは私の先生と面識がありますか？）

B: **Conhecemos**. Mas não sabemos nada sobre ela. → 知っています（面識があります）。でも彼女について何も知りません。

注意

ポルトガル語では、経験として知る場合は、このように CONHECER 動詞を用いる。
これらの例文では、それぞれの人物について何かを知っているかどうかはともかく、会ったことがあるという意味での「知る」、「面識がある」になる。「情報をもっているので知っている」と言いたい場合は、SABER 動詞を用いる。本課の①SABER 動詞「使い方その３」を参照。

使い方その2　物を知っている　【～を見たことがある】

CONHECER + 物

A: Você **conhece** berimbau? → あなたはベリンバウを知っていますか？
（あなたはベリンバウを見たことがありますか？）

B: Não, não **conheço**. Mas já ouvi* falar. → 知りません（見たことがないです）。でも噂はもう聞いたことがあります。

* ouvi は、ouvir（聞く）の完全過去１人称単数形。

注意

ポルトガル語では、経験として知る場合は、このように CONHECER 動詞を用いる。

この例文では、その物について何かを知っているかどうかはともかく、実際に見たことがあるという意味での「知る」になる。「情報をもっているので知っている」と言いたい場合は、SABER 動詞を用いる。本課の①SABER 動詞「使い方その3」を参照。

なお、歌などについて CONHECER 動詞を用いる場合は、それを聞いたことがあるという意味になる。

使い方その3　場所を知っている　【～へ行ったことがある】

CONHECER + 場所

A: Você **conhece** o Brasil? → あなたはブラジルを知っていますか？
（あなたはブラジルに行ったことがありますか？）

B: Não **conheço**. Mas sei que é um país muito bonito. → 知りません（行ったことがないです）。でもとても美しい国であることは知っています。

注意

ポルトガル語では、経験として知る場合は、このように CONHECER 動詞を用いる。

この例文では、その場所について何かを知っているかどうかはともかく、行ったことがあるという意味での「知る」になる。「情報をもっているので知っている」と言いたい場合は、SABER 動詞を用いる。本課の①SABER 動詞「使い方その3」を参照。

※1 PRONOMES INDEFINIDOS
不定代名詞

「誰か」、「何か」のように、３人称に対して漠然とした内容を与えたり、「いくつかの」「全ての」のように、不特定な量を述べたりするとき、不定代名詞を用いる。

不定代名詞には、性・数の変化をするものと、常に同一の形を保つものとがある。

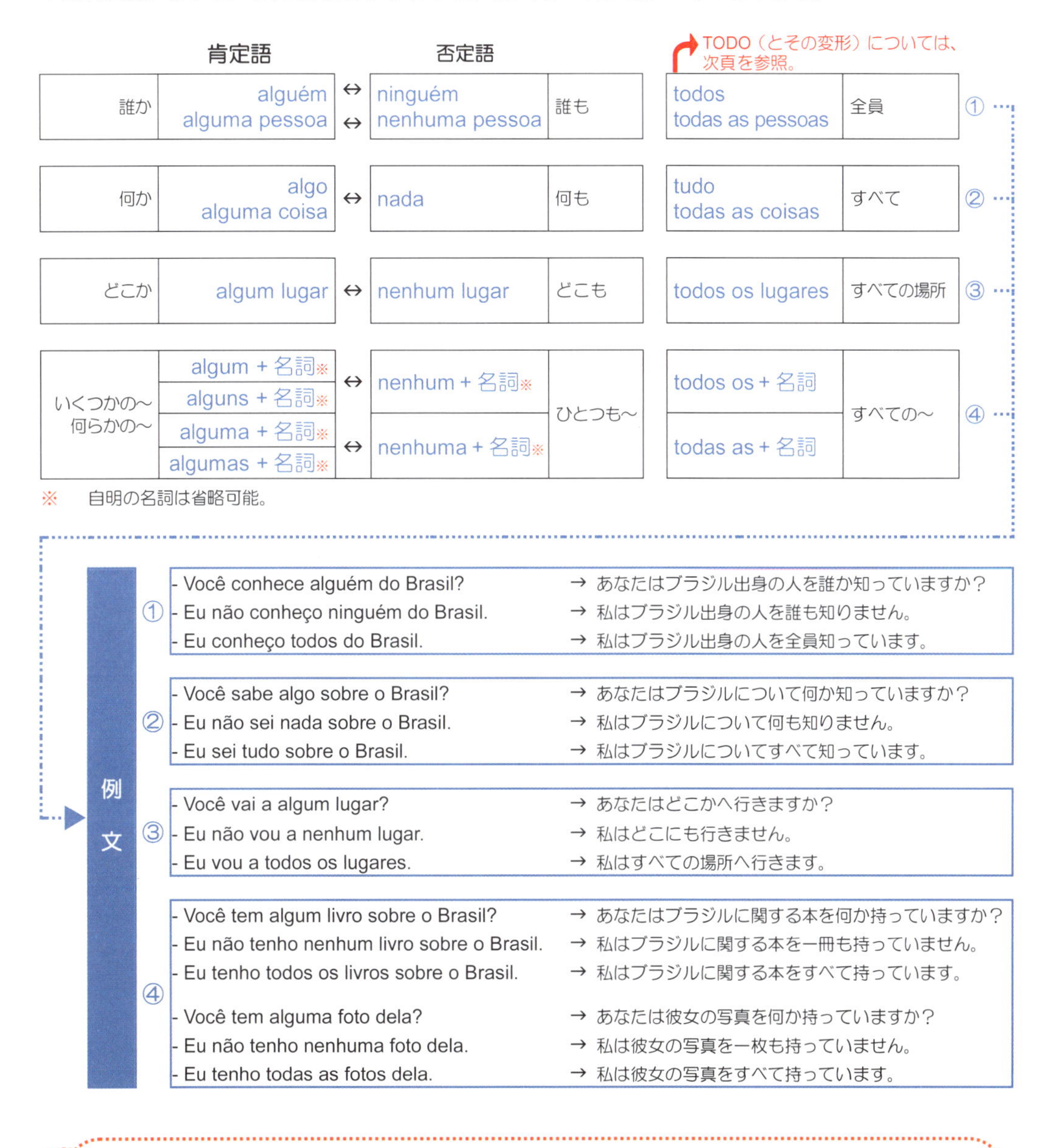

TODO（とその変形）については、次頁を参照。

	肯定語		否定語				
誰か	alguém alguma pessoa	↔ ↔	ninguém nenhuma pessoa	誰も	todos todas as pessoas	全員	①
何か	algo alguma coisa	↔	nada	何も	tudo todas as coisas	すべて	②
どこか	algum lugar	↔	nenhum lugar	どこも	todos os lugares	すべての場所	③
いくつかの～ 何らかの～	algum + 名詞※ alguns + 名詞※ alguma + 名詞※ algumas + 名詞※	↔ ↔	nenhum + 名詞※ nenhuma + 名詞※	ひとつも～	todos os + 名詞 todas as + 名詞	すべての～	④

※　自明の名詞は省略可能。

例文

①
- Você conhece alguém do Brasil? → あなたはブラジル出身の人を誰か知っていますか？
- Eu não conheço ninguém do Brasil. → 私はブラジル出身の人を誰も知りません。
- Eu conheço todos do Brasil. → 私はブラジル出身の人を全員知っています。

②
- Você sabe algo sobre o Brasil? → あなたはブラジルについて何か知っていますか？
- Eu não sei nada sobre o Brasil. → 私はブラジルについて何も知りません。
- Eu sei tudo sobre o Brasil. → 私はブラジルについてすべて知っています。

③
- Você vai a algum lugar? → あなたはどこかへ行きますか？
- Eu não vou a nenhum lugar. → 私はどこにも行きません。
- Eu vou a todos os lugares. → 私はすべての場所へ行きます。

④
- Você tem algum livro sobre o Brasil? → あなたはブラジルに関する本を何か持っていますか？
- Eu não tenho nenhum livro sobre o Brasil. → 私はブラジルに関する本を一冊も持っていません。
- Eu tenho todos os livros sobre o Brasil. → 私はブラジルに関する本をすべて持っています。

- Você tem alguma foto dela? → あなたは彼女の写真を何か持っていますか？
- Eu não tenho nenhuma foto dela. → 私は彼女の写真を一枚も持っていません。
- Eu tenho todas as fotos dela. → 私は彼女の写真をすべて持っています。

否定語の代名詞は、動詞の後ろに置かれ、目的語の役割をする場合は否定語 “não” を伴うが、動詞の前に置かれ、主語の役割をする場合は否定語 “não” を伴わないので、要注意。

例： Eu **não** conheço **ninguém** no Brasil.　（私はブラジルで誰も知りません。）→ 直接目的語

Ele **não** conta para **ninguém**.　（彼は誰にも話さない。）→ 間接目的語

Ninguém conhece o meu namorado.　（誰も私の恋人を知りません。）→ 主語

不定代名詞 TODO について

TODO は「すべての」という意味をもち、修飾する名詞の性・数によって変化する。また、下記の構文で異なる意味をもつことになる。

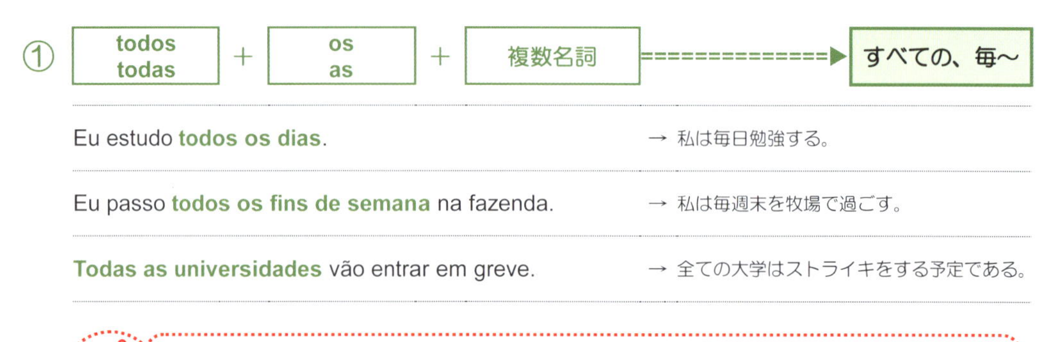

① todos / todas ＋ os / as ＋ 複数名詞 ===> すべての、毎～

Eu estudo **todos os dias**.	→ 私は毎日勉強する。
Eu passo **todos os fins de semana** na fazenda.	→ 私は毎週末を牧場で過ごす。
Todas as universidades vão entrar em greve.	→ 全ての大学はストライキをする予定である。

TODOS/TODAS が指示詞の前に置かれる場合、この構文の冠詞は消える。

例： Todos **esses** livros são famosos. → それらのすべての本は有名である。
Todas **aquelas** bolsas são italianas. → あれらのすべてのバッグはイタリア製である。

② todo / toda ＋ o / a ＋ 単数名詞 ===> まるまる、全～、～中

Eu estudo **todo o dia**. [Eu estudo *o dia todo*.]	→ 私は一日中勉強する。
Eu passo **todo o fim de semana** na fazenda. [Eu passo *o fim de semana todo* na fazenda.]	→ 私は週末をまるまる牧場で過ごす。
Toda a universidade vai entrar em greve. [=*A universidade toda* vai entrar em greve.]	→ 大学全体がストライキをする予定である。

［　］のように、語順が変わることが多い。

名詞が冠詞を伴わない地名の場合、この構文の冠詞は消える。

例：(o) Brasil: Todo **o Brasil** está em clima de festa. → ブラジル全体がパーティー気分である。
(a) França: Toda **a França** está em clima de festa. → フランス全体がパーティー気分である。
(-) Portugal: Todo **Portugal** está em clima de festa. → ポルトガル全体がパーティー気分である。
(-) Paris: Toda **Paris** está em clima de festa. → パリ全体がパーティー気分である。

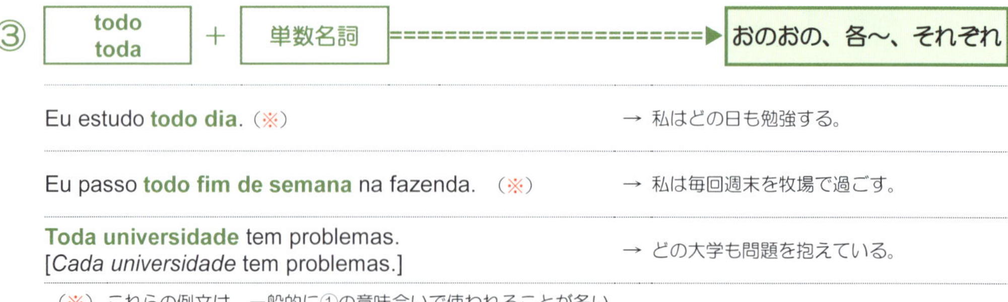

③ todo / toda ＋ 単数名詞 ===> おのおの、各～、それぞれ

Eu estudo **todo dia**. (※)	→ 私はどの日も勉強する。
Eu passo **todo fim de semana** na fazenda. (※)	→ 私は毎回週末を牧場で過ごす。
Toda universidade tem problemas. [*Cada universidade* tem problemas.]	→ どの大学も問題を抱えている。

(※) これらの例文は、一般的に①の意味合いで使われることが多い。

EXERCÍCIOS

CD 75

1. ポルトガル語に訳しなさい。

 1.1. 私はパウロと面識がありますが、彼がどこに住んでいるのか、また、誰と住んでいるのか分かりません。

 ____

 ____

 1.2. あなたは東京駅の近くにあるあのブラジルのレストランを知っていますか？あそこの電話番号が分かりますか？

 ____

 ____

 1.3. あなたたちは、マリアが中国に行ったことがあるのか、または彼女が中国語を話せるのか、分かりますか？

 ____

 ____

 1.4. 私の両親は私の恋人に会ったことがありませんが、私が彼のことがとても好きであることは知っています。

 ____

 ____

 1.5. 私はブラジルに行きたいです。あなたは、日本からブラジルまで何時間かかるのか、分かりますか？

 ____

 ____

2. SABER または CONHECER のいずれかの動詞を用い、適切な形に活用させて文を完成させなさい。

 2.1. Maria: Você ________________ o marido da Paula?
 João: Não ________________. Mas eu ________________ que ele trabalha na Mitsubishi.

 2.2. Maria: Vocês ________________ onde fica o Rio de Janeiro?
 João: ________________. Fica no sudeste do Brasil.

 2.3. Maria: Você ________________ o telefone da Simone?
 João: Não ________________. Mas eu ________________ o irmão dela e posso perguntar para ele.

 2.4. Maria: Você ________________ o Brasil?
 João: Ainda não ________________. Mas eu quero ________________ porque eu ________________ que todos que vão para lá, adoram.

 2.5. Maria: Você ________________ falar português?
 João: Não ________________. Mas eu ________________ uma pessoa que ________________.

3. ポルトガル語に訳しなさい。

3.1. 彼はあなたを知っていますか？彼はあなたの誕生日がいつなのか知っていますか？

____

3.2. 私は私の恋人のご両親と面識がありますが、彼らの名前を知りません。

____

3.3. あなたは、曲『イパネマの娘』を知っていますか？その曲を歌えますか？（曲 = a música、歌う = cantar）

____

3.4. 私たちはパウロに会ったことがありますが、彼について何も知りません。

____

3.5. 彼はブラジル人女性を一人も知りませんが、彼女たちが何が好きなのか知っています。

____

3.6. 私はブラジルに行ったことがありませんが、その国についてすべて知っています。（国 = o país）

____

NOME DE PAÍSES E SEUS RESPECTIVOS ADJETIVOS PÁTRIOS
国名とその形容詞

国（首都）	PAÍS (CAPITAL)	ADJETIVO
北米	**(a) AMÉRICA DO NORTE**	**norte-americano**
アメリカ合衆国（ワシントンD.C.）	(os) Estados Unidos (Washington DC)	americano
カナダ（オタワ）	(o) Canadá (Otawa)	canadense
メキシコ（メキシコシティ）	(o) México (Cidade do México)	mexicano
中米	**(a) AMÉRICA CENTRAL**	**centro-americano**
アンティグア・バーブーダ（セントジョンズ）	(-) Antígua e Barbuda (Saint John's)	antiguano
エルサルバドル（サンサルバドル）	(-) El Salvador (San Salvador)	salvadorenho
キューバ（ハバナ）	(-) Cuba (Havana)	cubano
グアテマラ（グアテマラシティ）	(a) Guatemala (Cidade da Guatemala)	guatemalteco
グレナダ（セントジョージズ）	(-) Granada (Saint George's)	granadino
コスタリカ（サンホセ）	(a) Costa Rica (San José)	costa-riquenho
ジャマイカ（キングストン）	(a) Jamaica (Kingston)	jamaicano
セントクリストファー・ネービス（バセテール）	(-) São Cristóvão e Névis (Basse-Terre)	são-cristovense
セントビンセント・グレナディーン諸島（キングスタウン）	(-) São Vicente e Granadinas (Kingstown)	são-vicentino
セントルシア（カストリーズ）	(a) Santa Lucia (Castries)	santa-lucense
ドミニカ共和国（サントドミンゴ）	(a) República Dominicana (Santo Domingo)	dominicano
ドミニカ国（ロゾー）	(a) Dominica (Roseau)	dominiquês
トリニダード・トバゴ（ポートオブスペイン）	(-) Trinidad e Tobago (Port of Spain)	trinitário-tobagense
ニカラグア（マナグア）	(a) Nicarágua (Manágua)	nicaraguense
ハイチ（ポルトープランス）	(o) Haiti (Porto Príncipe)	haitiano
パナマ（パナマシティ）	(o) Panamá (Cidade do Panamá)	panamenho
バハマ（ナッソー）	(as) Bahamas (Nassau)	baamês
バルバドス（ブリッジタウン）	(-) Barbados (Bridgetown)	barbadiano
ベリーズ（ベルモパン）	(-) Belize (Belmopan)	belizenho
ホンジュラス（テグシガルパ）	(-) Honduras (Tegucigalpa)	hondurenho
南米	**(a) AMÉRICA DO SUL**	**sul-americano**
アルゼンチン（ブエノスアイレス）	(a) Argentina (Buenos Aires)	argentino
ウルグアイ（モンテビデオ）	(o) Uruguai (Montevidéu)	uruguaio
エクアドル（キト）	(o) Equador (Quito)	equatoriano
ガイアナ（ジョージタウン）	(a) Guiana (Georgetown)	guianense
コロンビア（ボゴタ）	(a) Colômbia (Bogotá)	colombiano
スリナム（パラマリボ）	(o) Suriname (Paramaribo)	surinamês
チリ（サンティアゴ）	(o) Chile (Santiago)	chileno
パラグアイ（アスンシオン）	(o) Paraguai (Assunção)	paraguaio
ブラジル（ブラジリア）	(o) Brasil (Brasília)	brasileiro ※
ベネズエラ（カラカス）	(a) Venezuela (Caracas)	venezuelano
ペルー（リマ）	(o) Peru (Lima)	peruano
ボリビア（ラパス）	(a) Bolívia (La Paz)	boliviano

ヨーロッパ	(a) EUROPA	europeu
アイスランド（レイキャヴィーク）	(a) Islândia (Reykjavik)	islandês
アイルランド（ダブリン）	(a) Irlanda (Dublin)	irlandês
アゼルバイジャン（バクー）	(o) Azerbaidjão (Baku)	azerbaidjano
アルバニア（ティラナ）	(a) Albânia (Tirana)	albanês
アルメニア（エレバン）	(a) Armênia (Yerevan)	armênio
アンドラ（アンドララベラ）	(-) Andorra (Andorra la Vella)	andorrano
イギリス＜連合王国＞（ロンドン）	(a) Inglaterra ＜(o) Reino Unido＞ (Londres)	
イングランド（ロンドン）	(a) Inglaterra (Londres)	inglês
ウェールズ（カーディフ）	(o) País de Gales (Cardiff)	galês
北アイルランド（ベルファスト）	(a) Irlanda do Norte (Belfast)	norte-irlandês
スコットランド（エディンバラ）	(a) Escócia (Edinburgh)	escocês
イタリア（ローマ）	(a) Itália (Roma)	italiano
ウクライナ（キエフ）	(a) Ucrânia (Kiev)	ucraniano
ウズベキスタン（タシケント）	(o) Uzbequistão (Tashkent)	uzbeque
エストニア（タリン）	(a) Estônia (Tallinn)	estoniano
オーストリア（ウィーン）	(a) Áustria (Viena)	austríaco
オランダ（アムステルダム）	(a) Holanda (Amsterdã)	holandês
カザフスタン（アスタナ）	(o) Cazaquistão (Astana)	cazaque
キプロス（ニコシア）	(-) Chipre (Nicósia)	cipriota
ギリシャ（アテネ）	(a) Grécia (Atenas)	grego
キルギス（ビシュケク）	(o) Quirguistão (Bishkek)	quirguiz
グルジア（トビリシ）	(a) Geórgia (Tbilisi)	georgiano
クロアチア（ザグレブ）	(a) Croácia (Zagreb)	croata
サンマリノ（サンマリノ）	(-) San Marino (San Marino)	são-marinense
スイス（ベルン）	(a) Suíça (Berna)	suíço
スウェーデン（ストックホルム）	(a) Suécia (Estocolmo)	sueco
スペイン（マドリード）	(a) Espanha (Madri)	espanhol
スロバキア（ブラチスラバ）	(a) Eslováquia (Bratislava)	eslovaco
スロベニア（リュブリャナ）	(a) Eslovênia (Liubliana)	esloveno
セルビア（ベオグラード）	(a) Sérvia (Belgrado)	sérvio
タジキスタン（ドゥシャンベ）	(o) Tadjiquistão (Dushanbe)	tadjique
チェコ（プラハ）	(a) República Tcheca (Praga)	tcheco
デンマーク（コペンハーゲン）	(a) Dinamarca (Copenhague)	dinamarquês
ドイツ（ベルリン）	(a) Alemanha (Berlim)	alemão
トルクメニスタン（アシガバート）	(o) Turcomenistão (Ashkhabad)	turcomeno
トルコ（アンカラ）	(a) Turquia (Ancara)	turco
ノルウェー（オスロ）	(a) Noruega (Oslo)	norueguês
バチカン	(o) Vaticano	vaticano
ハンガリー（ブダペスト）	(a) Hungria (Budapeste)	húngaro ou magiar
フィンランド（ヘルシンキ）	(a) Finlândia (Helsinque)	finlandês
フランス（パリ）	(a) França (Paris)	francês
ブルガリア（ソフィア）	(a) Bulgária (Sófia)	búlgaro
ベラルーシ（ミンスク）	(a) Bielorrússia (Minsk)	bielorrusso
ベルギー（ブリュッセル）	(a) Bélgica (Bruxelas)	belgo
ポーランド（ワルシャワ）	(a) Polônia (Varsóvia)	polonês
ボスニア・ヘルツェゴビナ（サラエボ）	(a) Bósnia Herzegóvina (Sarajevo)	bósnio
ポルトガル（リスボン）	(-) Portugal (Lisboa)	português ※
マケドニア（スコピエ）	(a) Macedônia (Skopje)	macedônio
マルタ（バレッタ）	(-) Malta (Valletta)	maltês
モナコ（モナコ）	(-) Mônaco (Mônaco)	monegasco
モルドバ（キシニョフ）	(a) Moldávia (Chisinau)	moldávio
モンテネグロ（ポドゴリツァ）	(-) Montenegro (Podgorica)	montenegrino
ラトビア（リガ）	(a) Letônia (Riga)	letão
リトアニア（ビリニュス）	(a) Lituânia (Vilnius)	lituano
リヒテンシュタイン（ファドゥーツ）	(-) Liechtenstein (Vaduz)	liechtensteinense
ルーマニア（ブカレスト）	(a) Romênia (Bucareste)	romeno
ルクセンブルク（ルクセンブルク）	(-) Luxemburgo (Luxemburgo)	luxemburguês
ロシア（モスクワ）	(a) Rússia (Moscou)	russo

アフリカ	(a) ÁFRICA	africano	
アルジェリア（アルジェ）	(a) Argélia (Argel)	argelino	
アンゴラ（ルアンダ）	(-) Angola (Luanda)	angolano	※
ウガンダ（カンパラ）	(a) Uganda (Campala)	ugandense	
エジプト（カイロ）	(o) Egito (Cairo)	egípcio	
エチオピア（アディスアベバ）	(a) Etiópia (Adis Abeba)	etíope	
エリトリア（アスマラ）	(a) Eritreia (Asmara)	eritreu	
ガーナ（アクラ）	(-) Gana (Acra)	ganense	
カーボベルデ（プライア）	(-) Cabo Verde (Praia)	cabo-verdiano	※
ガボン（リーブルビル）	(o) Gabão (Libreville)	gabonense	
カメルーン（ヤウンデ）	(-) Camarões (Iaundé)	camaronense	
ガンビア（バンジュール）	(a) Gâmbia (Banjul)	gambiano	
ギニア（コナクリ）	(a) Guiné (Conacri)	guineano	
ギニアビサウ（ビサウ）	(a) Guiné Bissau (Bissau)	guineense	※
ケニア（ナイロビ）	(o) Quênia (Nairóbi)	queniano	
コートジボワール（ヤムスクロ）	(a) Costa do Marfim (Yamoussoukro)	marfinense	
コモロ（モロニ）	(as) Ilhas Comores (Moroni)	comorense	
コンゴ共和国（ブラザビル）	(a) República Popular do Congo (Brazzaville)	congolês	
コンゴ民主共和国（キンシャサ）	(a) República Democrática do Congo (Kinshasa)	congolês	
サントメ・プリンシペ（サントメ）	(-) São Tomé e Príncipe (São Tomé)	são-tomense	※
ザンビア（ルサカ）	(a) Zâmbia (Lusaka)	zâmbio	
シエラレオネ（フリータウン）	(-) Serra Leoa (Freetown)	serra-leonês	
ジブチ（ジブチ）	(o) Djibuti (Djibuti)	djibutiense	
ジンバブエ（ハラレ）	(o) Zimbábue (Harare)	zimbabuano	
スーダン（ハルツーム）	(o) Sudão (Cartum)	sudanês	
スワジランド（ムババーネ）	(a) Suazilândia (Mbabane)	suázi	
セーシェル（ビクトリア）	(-) Seycheles (Vitória)	seychellense	
赤道ギニア（マラボ）	(a) Guiné Equatorial (Malabo)	guinéu-equatoriano	
セネガル（ダカール）	(o) Senegal (Dacar)	senegalês	
ソマリア（モガディシオ）	(a) Somália (Mogadíscio)	somali	
タンザニア（ダルエスサラーム）	(a) Tanzânia (Dar es Salaam)	tanzaniano	
チャド（ンジャメナ）	(-) Chade (Ndjamena)	chadiano	
中央アフリカ（バンギ）	(a) República Centro Africana (Bangui)	centro-africano	
チュニジア（チュニス）	(a) Tunísia (Túnis)	tunisiano	
トーゴ（ロメ）	(-) Togo (Lomé)	togolês	
ナイジェリア（アブジャ）	(a) Nigéria (Abuja)	nigeriano	
ナミビア（ウィントフック）	(a) Namíbia (Windhoek)	namibiano	
ニジェール（ニアメ）	(o) Níger (Niamei)	nigerense	
ブルキナファソ（ワガドゥグー）	(-) Burkina Fasso (Uagadugu)	burquino	
ブルンジ（ブジュンブラ）	(-) Burundi (Bujumbura)	burundiense	
ベナン（ポルトノボ）	(-) Benin (Porto Novo)	beninense	
ボツワナ（ハボローネ）	(-) Botsuana (Gaborone)	botsuano	
マダガスカル（アンタナナリボ）	(-) Madagascar (Antananarivo)	malgaxe	
マラウイ（リロングウェ）	(o) Malaui (Lilongue)	malauiano	
マリ（バマコ）	(o) Mali (Bamaco)	malinês	
南アフリカ（プレトリア）	(a) África do Sul (Pretória)	sul-africano	
南スーダン（ジュバ）	(o) Sudão do Sul (Juba)	sul-sudanês	
モーリシャス（ポートルイス）	(-) Maurício (Port Louis)	mauriciano	
モーリタニア（ヌアクショット）	(a) Mauritânia (Nuakchott)	mauritano	
モザンビーク（マプト）	(-) Moçambique (Maputo)	moçambicano	※
モロッコ（ラバト）	(o) Marrocos (Rabat)	marroquino	
リビア（トリポリ）	(a) Líbia (Trípoli)	líbio	
リベリア（モンロビア）	(a) Libéria (Monróvia)	liberiano	
ルワンダ（キガリ）	(a) Ruanda (Kigali)	ruandês	
レソト（マセル）	(-) Lesoto (Maseru)	lesotiano	

アジア	(a) ÁSIA	asiático
アフガニスタン（カブール）	(o) Afeganistão (Cabul)	afegão ou afegane
インド（ニューデリー）	(a) Índia (Nova Délhi)	indiano ou hindu
インドネシア（ジャカルタ）	(a) Indonésia (Jacarta)	indonésio
韓国（ソウル）	(a) Coréia do Sul (Seul)	sul-coreano
カンボジア（プノンペン）	(o) Camboja (Phnom Penh)	cambojano
北朝鮮（平壌）	(a) Coréia do Norte (Pyongyang)	norte-coreano
シンガポール（シンガポール）	(-) Cingapura (Cingapura)	cingapurense
スリランカ（コロンボ）	(-) Sri Lanka (Colombo)	cingalês
タイ（バンコク）	(a) Tailândia (Bangcoc)	tailandês
台湾（台北）	(-) Taiwan (Taipé)	taiwanês
中国（北京）	(a) China (Pequim)	chinês
日本（東京）	(o) Japão (Tóquio)	japonês
ネパール（カトマンズ）	(o) Nepal (Kathmandu)	nepalês
パキスタン（イスラマバード）	(o) Paquistão (Islamabad)	paquistanês
バングラデシュ（ダッカ）	(o) Bangladesh (Daca)	bangladeshiano
東ティモール（ディリ）	(-) Timor-Leste (Dili)	timorense ※
フィリピン（マニラ）	(as) Filipinas (Manila)	filipino
ブータン（ティンプー）	(o) Butão (Timfú)	butanês
ブルネイ（バンダルスリブガワン）	(o) Brunei (Bandar Seri Begawan)	bruneano
ベトナム（ハノイ）	(o) Vietnã (Hanói)	vietnamita
マレーシア（クアラルンプール）	(a) Malásia (Kuala Lumpur)	malásio
ミャンマー（ヤンゴン）	(-) Myanmar (Yangum)	myanmense
モルディブ（マレ）	(as) Maldivas (Male)	maldívio
モンゴル（ウランバートル）	(a) Mongólia (Ulan Bator)	mongol
ラオス（ビエンチャン）	(o) Laos (Vientiane)	laosiano

中近東	(o) ORIENTE MÉDIO	-
アラブ首長国連邦（アブダビ）	(os) Emirados Árabes Unidos (Abu Dhabi)	árabe
イエメン（サヌア）	(o) Iêmen (Sanaa)	iemenita
イスラエル(テルアビブ)	(-) Israel (Tel Aviv)	israelense ou israelita
イラク（バグダッド）	(o) Iraque (Bagdá)	iraquiano
イラン（テヘラン）	(o) Irã (Teerã)	iraniano
オマーン（マスカット）	(-) Omã (Mascate)	omani
カタール（ドーハ）	(o) Catar ou Qatar (Doha)	catarense
クウェート（クウェート）	(o) Kuwait (Cidade do Kuwait)	kuwaitiano
サウジアラビア（リヤド）	(a) Arábia Saudita (Riad)	árabe-saudita
シリア（ダマスカス）	(a) Síria (Damasco)	sírio
バーレーン（マナーマ）	(o) Barein (Manama)	bareinita
ヨルダン（アンマン）	(a) Jordânia (Amã)	jordaniano
レバノン（ベイルート）	(o) Líbano (Beirute)	libanês

オセアニア	(a) OCEANIA	-
オーストラリア（キャンベラ）	(a) Austrália (Canberra)	australiano
キリバス（タラワ）	(o) Kiribati (Tarawa do Sul)	quiribatiano
サモア（アピア）	(-) Samoa (Ápia)	samoano
ソロモン諸島（ホニアラ）	(as) Ilhas Salomão (Honiara)	salomônico
ツバル（フナフティ）	(-) Tuvalu (Funafuti)	tuvaluano
トンガ（ヌクアロファ）	(-) Tonga (Nukualofa)	tonganês
ナウル（ヤレン）	(-) Nauru (Yaren)	nauruano
ニュージーランド（ウェリントン）	(a) Nova Zelândia (Wellington)	neozelandês
バヌアツ（ポートビラ）	(-) Vanuatu (Porto Vila)	vanuatense
パプアニューギニア（ポートモレスビー）	(-) Papua Nova Guiné (Port Moresby)	papuásio
パラオ（コロール）	(-) Palau (Koror)	palauense
フィジー（スバ）	(-) Fidji (Suva)	fidjiano
マーシャル諸島（マジュロ）	(as) Ilhas Marshall (Majuro)	marshallino
ミクロネシア（パリキール）	(a) Micronésia (Palikir)	micronésio

※ ポルトガル語を公用語とする国々。

NOME DE PROFISSÕES
職業一覧
(日→ポ、 ポ→日)

本付録の職業一覧を利用する前に、日本とブラジルとでは職業の言い方が異なることを念頭に置く必要がある。また、社会的・文化的背景により、その国特有の職業があることも忘れてはいけない。

日本でよく使う表現でブラジルでは違う言い方をするもの：

1）サラリーマン　日本で一般的にサラリーマンと言うが、ブラジルでは、同じサラリーマンでも、その会社で果たす役割や職種を言うか、それが特に決まっていなければ、「私は〇〇で働いている」とか「私は一般的な仕事をする」などと言うことが多い。

私は〇〇で働いています。　→　Eu trabalho em 〇〇.　（会社名は女性名詞となる場合が多い。）
私は一般的な仕事をします。　→　Eu faço serviços gerais.

2）アルバイト　日本で一般的にアルバイトと言うが、ブラジルでは、仮にアルバイトでも、そこで果たす役割や職種を言うことが多い。もし正社員でなくアルバイトであることを明示的に言いたい場合は、以下のように言う。

私は〇〇でアルバイトをしています。　→　Eu faço bico em 〇〇.

3）無職　日本では職をもたない人のことを一般的に無職と言うが、ブラジルでは、学生・主婦・定年退職者はそれぞれに該当する表現を用い（以下の一覧を参照）、職をもたないことを明示的に言いたい場合は、以下のように言う。

私は働いていません。　→　Eu não trabalho.

ブラジルでよく使う表現で日本では違う言い方をするもの：

1）商人　日本では、商売を営んでいる人は、例えば「寿司屋」のようにその商売の中身を明示した言い方をすることが多いが、ブラジルでは全部ひっくるめて「私は商人です（Eu sou comerciante）」と言うことが多い。もし商売の中身を明示的に言いたい場合は、以下のように言う。

Eu tenho um sushi-bar.　→　私は寿司屋を営んでいます。
Eu sou dono de um sushi-bar.　→　私はある寿司屋のオーナーです。

注：職業は、主語によって男性形・女性形・単数形・複数形に変化する。本一覧は男性形単数のみを掲載しており、不規則な女性形がある場合はかっこ内に示した。規則的な性・数の変化基準は、第 2 課「名詞の性の転換」（15 頁）及び第 5 課「形容詞の変化：性・数の変化」（42 頁）を参照。

なお、ハイフンは、該当する性の職業がないことを意味する。

日 → ポ

日本語	ポルトガル語
あ	
アナウンサー	locutor
アルバイト	Eu faço bico em ～.
医師	médico
医師・胃腸科医	gastroenterologista
医師（音声聴覚専門）	fonoaudiólogo
医師・眼科医	oftalmologista
医師・矯正歯科医	ortodontista
医師・形成外科医	cirurgião plástico

ポ → 日

ポルトガル語	日本語
A	
administrador de empresa	企業経営者
advogado	弁護士
aeronauta	飛行士
agente de viagem	旅行代理業者
agricultor	百姓
ajudante de pedreiro	左官屋見習い
alfaiate (alfaiata)	仕立屋
analista de sistemas	コンピュータシステムアナリスト

医師・外科医	cirurgião geral
医師・呼吸器科医	pneumologista
医師・産科医	obstetra
医師・歯科医	dentista または odontólogo
医師・耳鼻咽喉科医	otorrinolaringologista
医師・小児科医	pediatra
医師・神経科医	neurologista
医師（腎臓病専門）	nefrologista
医師（心臓病専門）	cardiologista
医師・整形外科医	ortopedista
医師・精神科医	psiquiatra
医師・内科医	clínico geral
医師・内分泌科医	endocrinologista
医師・泌尿器科医	urologista
医師・皮膚科医	dermatologista
医師・婦人科医	ginecologista
医師（脈管病専門）	angiologista
医師・老年科医	geriatra
板前	cozinheiro de restaurante japonês
イラストレーター	desenhista
インテリアデザイナー	designer de interiores
ウェイター・ウェイトレス	garçom (garçonete)
受付係	recepcionista
宇宙飛行士	astronauta
運転手	motorista
運転手（タクシー）	motorista de táxi
運転手（トラック）	motorista de caminhão
運転手（バス）	motorista de ônibus
運搬人（荷物の）	carregador
栄養士	nutricionista
疫学者	epidemiologista
エレベーター係	ascensorista
エンジニア	engenheiro
エンジニア・インダストリアルエンジニア	engenheiro industrial
エンジニア・衛生工学	engenheiro sanitarista
エンジニア・化学工学	engenheiro químico
エンジニア・環境工学	engenheiro ambiental
エンジニア・機械工学	engenheiro mecânico
エンジニア・漁業工学	engenheiro de pesca
エンジニア・航空工学	engenheiro aeronáutico
エンジニア・鉱物工学	engenheiro de minas
エンジニア・材質工学	engenheiro de materiais
エンジニア・食品工学	engenheiro de alimentos
エンジニア・生産工学	engenheiro de produção
エンジニア・繊維工学	engenheiro têxtil
エンジニア・造船工学	engenheiro naval
エンジニア・測量工学	engenheiro de agrimensura
エンジニア・地図製作工学	engenheiro cartográfico
エンジニア・電気工学	engenheiro elétrico
エンジニア・電気通信工学	engenheiro de telecomunicações
エンジニア・電子工学	engenheiro eletrônico

	angiologista	医師（脈管病専門）
	antropólogo	人類学者
	aposentado	定年退職者
	aprendiz de ～ (aprendiza de ～)	～見習い
	arqueólogo	考古学者
	arquiteto	建築家
	arrumadeira	家政婦・片づけ担当
	artesão	工芸家
	artista	芸能人
	artista plástico	美術家
	ascensorista	エレベーター係
	assessor	補佐官
	assistente de ～	～助手
	assistente social	ソーシャルワーカー
	astronauta	宇宙飛行士
	astrólogo	占星学者
	astrônomo	天文学者
	atacadista	卸業
	atleta	スポーツ選手
	ator (atriz)	俳優・女優
	auditor fiscal	税吏監査人
	autônomo	自営業
	auxiliar de enfermagem	看護補佐
	auxiliar de escritório	事務補佐
	auxiliar de ～	～補佐
	açougueiro	肉屋
B	baby-sitter	ベビーシッター
	babá	家政婦・子守担当
	bailarino	バレエダンサー
	bancário	銀行員
	banqueiro	銀行家
	barbeiro	床屋
	bibliotecário	図書館員
	biomédico	生医学者
	bioquímico	生化学者
	biólogo	生物学者
	bombeiro	消防士
C	cabeleireiro	美容師
	caddie	キャディー
	camareiro	客室係（ホテルの）
	cameraman	カメラマン
	cantor	歌手
	carateca	空手家
	carcereiro	看守
	cardiologista	医師（心臓病専門）
	carregador	運搬人（荷物の）
	carteiro	郵便配達員
	chaveiro	鍵師
	cientista	科学者
	cientista político	政治学者
	cirurgião geral	医師・外科医

エンジニア・土木工学	engenheiro civil
エンジニア・農業工学	engenheiro agrônomo
エンジニア・メカトロニクス工学	engenheiro mecatrônico
エンジニア・冶金工学	engenheiro metalúrgico
エンジニア・林業工学	engenheiro florestal
織工	tecelão (tecelã)
卸業	atacadista
お笑い芸人	comediante
音楽家	músico
か 会計士	contador
外交官	diplomata
海洋学者	oceanógrafo
下院議員	deputado federal
画家	pintor
科学者	cientista
化学者	químico
鍵師	chaveiro
学生	estudante
学生・小中学生	estudante do ensino fundamental
学生・高校生	estudante do ensino médio
学生・大学生	estudante universitário
学生・研究生	estudante-pesquisador
学生・大学院生	estudante de pós-graduação
学生・修士課程	estudante de mestrado
学生・博士課程	estudante de doutorado
鍛冶屋	ferreiro
歌手	cantor
家政婦	- (empregada doméstica)
家政婦・アイロンかけ担当	- (passadeira)
家政婦・片づけ担当	- (arrumadeira)
家政婦・子守担当	- (babá)
家政婦・洗濯担当	- (lavadeira)
家政婦・掃除担当	- (faxineira)
家政婦・調理担当	- (cozinheira)
ガソリンスタンドスタッフ	frentista
株式仲買人	corretor de bolsa de valores
カメラマン	*cameraman*
空手家	carateca
観光ガイド	guia turístico
看護師	enfermeiro
看護補佐	auxiliar de enfermagem
看守	carcereiro
鑑定人	perito
監督（映画～）	diretor de cinema
監督（スポーツ～）	técnico
管理人（マンションの）	zelador
機械整備工	mecânico
機械旋盤工	torneiro-mecânico

cirurgião plástico	医師・形成外科医
clínico geral	医師・内科医
comediante	お笑い芸人
comentarista	コメンテーター
comerciante	商人
comissário de bordo	飛行機乗務員
compositor	作曲家
confeiteiro	ケーキ屋
cônsul	領事
consultor fiscal	税理士
contador	会計士
corretor de bolsa de valores	株式仲買人
corretor de imóveis	不動産業者
corretor de seguros	保険販売員
costureiro	裁縫師
coveiro	墓堀人
cozinheira	家政婦・調理担当
cozinheiro	コック、料理人
cozinheiro de restaurante japonês	板前
D dançarino	ダンサー
datiloscopista	指紋鑑定士
datilógrafo	タイピスト
decorador	室内装飾家
delegado de polícia	警察署長
dentista	医師・歯科医
depiladora	脱毛師
deputado federal	下院議員
dermatologista	医師・皮膚科医
desenhista	イラストレーター
designer	デザイナー
designer de interiores	インテリアデザイナー
designer gráfico	グラフィックデザイナー
diplomata	外交官
diretor de cinema	監督（映画～）
disc jockey	DJ（ディスコの）
dona de casa	主婦
dublador	声優
dublê	スタントマン
E economista	経済学者
editor	編集者
eletricista	電気工
embaixador	大使
empacotador	包装係
empregada doméstica	家政婦
encanador	水道配管工
encarregado do caixa	レジ係
endocrinologista	医師・内分泌科医
enfermeiro	看護師
engenheiro	エンジニア
engenheiro aeronáutico	エンジニア・航空工学

機関士	maquinista
企業経営者	administrador de empresa
気象学者	meteorologista
客室係（ホテルの）	camareiro
キャディー	caddie
救急救命士	paramédico
教育学者	pedagogo
教師	professor
教師・小中学校	professor do ensino fundamental
教師・高校	professor do ensino médio
教師・大学教授	professor universitário
行商人	vendedor ambulante
競売人	leiloeiro
銀行員	bancário
銀行家	banqueiro
靴磨き	engraxate
靴屋	sapateiro
グラフィックデザイナー	designer gráfico
軍人	militar
経済学者	economista
警察官	policial
警察署長	delegado de polícia
芸能人	artista
警備員	segurança
ケーキ屋	confeiteiro
研究者	pesquisador
言語学者	linguista
検査官	fiscal
検察官	promotor de justiça
建設作業員	operário de construção
建築家	arquiteto
工芸家	artesão
考古学者	arqueólogo
広告プランナー	publicitário
工場経営者	industrial
公証人	tabelião (tabeliã)
広報担当官	relações públicas
公務員	funcionário público
小売業	varejista
コーチ	instrutor
ゴールキーパー	goleiro
コック	cozinheiro
コメンテーター	comentarista
コンピュータシステムアナリスト	analista de sistemas
コンピュータープログラマー	programador

さ

裁判官	juiz
裁縫師	costureiro
魚屋	peixeiro
左官助手	servente de pedreiro
左官屋	pedreiro

engenheiro agrônomo	エンジニア・農業工学
engenheiro ambiental	エンジニア・環境工学
engenheiro cartográfico	エンジニア・地図製作工学
engenheiro civil	エンジニア・土木工学
engenheiro de agrimensura	エンジニア・測量工学
engenheiro de alimentos	エンジニア・食品工学
engenheiro de materiais	エンジニア・材質工学
engenheiro de minas	エンジニア・鉱物工学
engenheiro de pesca	エンジニア・漁業工学
engenheiro de produção	エンジニア・生産工学
engenheiro de telecomunicações	エンジニア・電気通信工学
engenheiro eletrônico	エンジニア・電子工学
engenheiro elétrico	エンジニア・電気工学
engenheiro florestal	エンジニア・林業工学
engenheiro industrial	エンジニア・インダストリアルエンジニア
engenheiro mecatrônico	エンジニア・メカトロニクス工学
engenheiro mecânico	エンジニア・機械工学
engenheiro metalúrgico	エンジニア・冶金工学
engenheiro naval	エンジニア・造船工学
engenheiro químico	エンジニア・化学工学
engenheiro sanitarista	エンジニア・衛生工学
engenheiro têxtil	エンジニア・繊維工学
engraxate	靴磨き
entregador de ～	～配達員（郵便を除く）
epidemiologista	疫学者
escritor	作家
escriturário	簿記係
escrivão	書記（裁判所などの）
escultor	彫刻家
estatístico	統計学者
estenógrafo	速記者
estilista de modas	スタイリスト
estudante	学生
estudante de doutorado	学生・博士課程
estudante de mestrado	学生・修士課程
estudante de pós-graduação	学生・大学院生
estudante do ensino fundamental	学生・小中学生
estudante do ensino médio	学生・高校生
estudante universitário	学生・大学生
estudante-pesquisador	学生・研究生
executivo	ビジネスマン

F

farmacêutico	薬剤師
faxineira	家政婦・掃除担当
faxineiro	清掃作業員
fazendeiro	大農場主
ferreiro	鍛冶屋
filósofo	哲学者
fiscal	検査官
fisioterapeuta	物理療法士

左官屋見習い	ajudante de pedreiro
作家	escritor
作曲家	compositor
自営業	autônomo
市会議員	vereador
指揮者（オーケストラの）	maestro (maestrina)
使者	office boy (-)
詩人	poeta (poetisa)
仕立屋	alfaiate (alfaiata)
市長	prefeito
室内装飾家	decorador
事務補佐	auxiliar de escritório
指紋鑑定士	datiloscopista
ジャーナリスト	jornalista
社会学者	sociólogo
写真家	fotógrafo
獣医	veterinário
集金係（バスの）	trocador
修道院長	- (madre)
柔道家	judoca
修道僧[女]	frade
守衛	vigia
主婦	- (dona de casa)
上院議員	senador
商人	comerciante
消防士	bombeiro
書記（裁判所などの）	escrivão
助産婦	- (parteira)
〜助手	assistente de 〜
鍼灸師	técnico em acupuntura
神父	padre (-)
新聞販売店員	jornaleiro
心理学者	psicólogo
人類学者	antropólogo
水道配管工	encanador
水難救助員	salva-vidas
数学者	matemático
スタイリスト	estilista de modas
スタントマン	dublê
スポーツ選手	atleta
スポーツ選手・ゴルフ選手	jogador de golfe
スポーツ選手・サッカー選手	jogador de futebol
スポーツ選手・バスケットボール選手	jogador de basquete
スポーツ選手・バレーボール選手	jogador de vôlei
スポーツ選手・ハンドボール選手	jogador de handebol
スポーツ選手・ボーリング選手	jogador de boliche
スポーツ選手・マラソン選手	maratonista
スポーツ選手・野球選手	jogador de beisebol
相撲取り	lutador de sumô
生医学者	biomédico
生化学者	bioquímico
政治家	político

	fonoaudiólogo	医師（音声聴覚専門）
	fotógrafo	写真家
	frade	修道僧[女]
	freelancer	フリーター
	frentista	ガソリンスタンドスタッフ
	funcionário público	公務員
	físico	物理学者
G	gari	道路清掃夫
	garçom (garçonete)	ウェイター・ウェイトレス
	gastroenterologista	医師・胃腸科医
	geofísico	地球物理学者
	geriatra	医師・老年科医
	gerontologista	老年学者
	geógrafo	地理学者
	geólogo	地質学者
	ginecologista	医師・婦人科医
	goleiro	ゴールキーパー
	governador	知事
	guarda-costas	ボディガード
	guia turístico	観光ガイド
H	historiador	歴史学者
I	industrial	工場経営者
	instrutor	コーチ
	intérprete	通訳者
	inventor	発明家
J	jardineiro	庭師
	jogador de basquete	スポーツ選手・バスケットボール選手
	jogador de beisebol	スポーツ選手・野球選手
	jogador de boliche	スポーツ選手・ボーリング選手
	jogador de futebol	スポーツ選手・サッカー選手
	jogador de golfe	スポーツ選手・ゴルフ選手
	jogador de handebol	スポーツ選手・ハンドボール選手
	jogador de vôlei	スポーツ選手・バレーボール選手
	jornaleiro	新聞販売店員
	jornalista	ジャーナリスト
	judoca	柔道家
	juiz	裁判官
L	lavadeira	家政婦・洗濯担当
	leiloeiro	競売人
	linguista	言語学者
	locutor	アナウンサー
	locutor de telejornal	ニュースキャスター
	lutador de boxe	ボクサー
	lutador de sumô	相撲取り
M	madre	修道院長
	maestro (maestrina)	指揮者（オーケストラの）
	manicure	マニキュア師
	maquinista	機関士
	maratonista	スポーツ選手・マラソン選手
	marceneiro	大工
	massagista	マッサージ師
	matemático	数学者

政治学者	cientista político
生物学者	biólogo
声優	dublador
税吏監査人	auditor fiscal
税理士	consultor fiscal
セラピスト	terapeuta
占星学者	astrólogo
僧	monge budista
清掃作業員	faxineiro
操縦士	piloto
ソーシャルワーカー	assistente social
速記者	estenógrafo
た 大工	marceneiro
大使	embaixador
大統領	presidente
大農場主	fazendeiro
ダイバー	mergulhador
タイピスト	datilógrafo
脱毛師	- (depiladora)
ダンサー	dançarino
地球物理学者	geofísico
知事	governador
地質学者	geólogo
彫刻家	escultor
地理学者	geógrafo
通訳者	intérprete
DJ（ディスコの）	*disc jockey*
定年退職者	aposentado
データ処理員	processador de dados
デザイナー	designer
哲学者	filósofo
店員	vendedor
電気工	eletricista
電信士	telegrafista
天文学者	astrônomo
電話交換手	telefonista
ドアマン	porteiro
統計学者	estatístico
動物学者	zootecnista
道路清掃夫	gari
床屋	barbeiro
図書館員	bibliotecário
塗装屋	pintor de paredes
な 肉屋	açougueiro
ニュースキャスター	locutor de telejornal
庭師	jardineiro
は ～配達員（郵便を除く）	entregador de ～
俳優・女優	ator (atriz)
パイロット	piloto
墓堀人	coveiro
発明家	inventor
バレエダンサー	bailarino

mecânico	機械整備工
mensageiro	ベルボーイ
mergulhador	ダイバー
metalúrgico	冶金工
meteorologista	気象学者
militar	軍人
modelo	ファッションモデル
monge budista	僧
motorista	運転手
motorista de caminhão	運転手（トラック）
motorista de táxi	運転手（タクシー）
motorista de ônibus	運転手（バス）
médico	医師
médico-legista	法医学者
músico	音楽家
N nefrologista	医師（腎臓病専門）
neurologista	医師・神経科医
nutricionista	栄養士
O obstetra	医師・産科医
oceanógrafo	海洋学者
odontólogo	医師・歯科医
office boy (-)	使者
oftalmologista	医師・眼科医
operário de construção	建設作業員
ortodontista	医師・矯正歯科医
ortopedista	医師・整形外科医
otorrinolaringologista	医師・耳鼻咽喉科医
P padeiro	パン屋
padre (-)	神父
paramédico	救急救命士
parteira	助産婦
passadeira	家政婦・アイロンかけ担当
pastor	牧師
pedagogo	教育学者
pediatra	医師・小児科医
pedreiro	左官屋
peixeiro	魚屋
perito	鑑定人
pescador	漁師
pesquisador	研究者
piloto	操縦士、パイロット、レーサー
pintor	画家
pintor de paredes	塗装屋
pneumologista	医師・呼吸器科医
poeta (poetisa)	詩人
policial	警察官
político	政治家
porteiro	ドアマン
prefeito	市長
presidente	大統領
processador de dados	データ処理員
procurador	法務官

販売員	vendedor
パン屋	padeiro
飛行機乗務員	comissário de bordo
飛行士	aeronauta
ビジネスマン	executivo
美術家	artista plástico
秘書	secretário
百姓	agricultor
美容師	cabeleireiro
ファッションモデル	modelo
副～	vice-～
物理学者	físico
物理療法士	fisioterapeuta
不動産業者	corretor de imóveis
フリーター	*freelancer*
ベビーシッター	baby-sitter
ベルボーイ	mensageiro
弁護士	advogado
編集者	editor
保育士	professor de maternal
法医学者	médico-legista
包装係	empacotador
報道記者	repórter
法務官	procurador
簿記係	escriturário
ボクサー	lutador de boxe
牧師	pastor
保険販売員	corretor de seguros
～補佐	auxiliar de ～
補佐官	assessor
ボディガード	guarda-costas
翻訳者	tradutor
ま マッサージ師	massagista
マニキュア師	manicure
～見習い	aprendiz de ～ (aprendiza de ～)
無職	Eu não trabalho.
や 冶金工	metalúrgico
薬剤師	farmacêutico
郵便配達員	carteiro
ら 力士	lutador de sumô
漁師	pescador
領事	cônsul
料理人	cozinheiro
旅行代理業者	agente de viagem
レーサー	piloto (pilota)
歴史学者	historiador
レジ係	encarregado do caixa
レントゲン技師	técnico em radiografia
老年学者	gerontologista

professor	教師
professor de maternal	保育士
professor do ensino fundamental	教師・小中学校
professor do ensino médio	教師・高校
professor universitário	教師・大学教授
programador	コンピュータープログラマー
promotor de justiça	検察官
psicólogo	心理学者
psiquiatra	医師・精神科医
publicitário	広告プランナー
Q químico	化学者
R recepcionista	受付係
relações públicas	広報担当官
repórter	報道記者
S salva-vidas	水難救助員
sapateiro	靴屋
secretário	秘書
segurança	警備員
senador	上院議員
servente de pedreiro	左官助手
sociólogo	社会学者
T tabelião (tabeliã)	公証人
tecelão (tecelã)	織工
telefonista	電話交換手
telegrafista	電信士
terapeuta	セラピスト
torneiro-mecânico	機械旋盤工
tradutor	翻訳者
trocador	集金係（バスの）
técnico	監督（スポーツ～）
técnico em acupuntura	鍼灸師
técnico em radiografia	レントゲン技師
U urologista	医師・泌尿器科医
V varejista	小売業
vendedor	店員、販売員
vendedor ambulante	行商人
vereador	市会議員
veterinário	獣医
vice-～	副～
vigia	守衛
Z zelador	管理人（マンションの）
zootecnista	動物学者

その他の言い方	
Eu não trabalho.	私は無職です。
Eu faço bico em ～.	私は～でアルバイトをしています。
Eu trabalho em ～.	私は～で働いています。
Eu tenho um/uma ～.	私は～を営んでいます。

APÊNDICE III
付録 III

新正書法の手引き

ブラジルポルトガル語で何が変わったか

新正書法

本手引きの目的は、1990 年 12 月 16 日に、リスボンにて、ポルトガル、ブラジル、アンゴラ、サントメ・プリンシペ、カーボベルデ、ギニアビサウ、モザンビーク、そして後に東チモールによって締結された**ポルトガル語新正書法**によってポルトガル語の綴字法に導入された変更を、学習者のために、客観的に提供することです。

なお、新正書法は綴字法に限り、話し言葉には一切影響がないことに注意すべきです。

変更その1　アルファベット

K・W・Y が加わり、ポルトガル語のアルファベットは 26文字となった。

A B C D E F G H I J **K** L M N O P Q R S T U V **W** X **Y** Z

変更その2　トレーマ（ü）

トレーマとは、母音 "u" の上に付される 2 点からなる符号「¨」のことである。

"gu"/"qu" の組み合わせの場合、通常発音されることのない母音 "u" の上に添え、それが発音され、それぞれ [gw] [kw] の音になることを示していた TREMA（トレーマ：ü）は廃止された。

改訂前	改訂後	意味
agüentar	aguentar	動　耐える
bilíngüe	bilíngue	形　バイリンガル
cinqüenta	cinquenta	数　50
freqüentemente	frequentemente	副　頻繁に
lingüiça	linguiça	名　ソーセージ
seqüestro	sequestro	名　誘拐
tranqüilo	tranquilo	形　静かな

注意点 1　外来語やその派生語におけるトレーマは、今まで通り残る。例：Müller, mülleriano.

注意点 2　トレーマはスペル上なくなったが、発音はこれまで通りなので、今後は、"gu"/"qu" の組み合わせの場合、通常発音されないその母音 "u" の語のうち、例外的に発音すべき "u" の語を一個一個覚えるしかない。

変更その3　アクセント記号：鋭音符（´）

①　二重口母音 [éi] と [ói]

最後から２番目の音節にアクセントのある語（palavras paroxítonas）の二重口母音 [éi] と [ói] のアクセント記号は廃止された。

改訂前	改訂後	意味
assembléia	assembleia	名　総会
Coréia	Coreia	名　韓国
epopéia	epopeia	名　叙事詩、偉業
européia	europeia	形　ヨーロッパの
geléia	geleia	名　ジャム
idéia	ideia	名　アイデア
apóio (verbo apoiar)	apoio	動　支持する（直説法現在形１人称単数形）
bóia	boia	名　ブイ
heróico	heroico	形　英雄的な
jibóia	jiboia	名　アナコンダ
jóia	joia	名　宝石
paranóia	paranoia	名　パラノイア

注意点１　このルールは、二重口母音 [éi] と [ói] が最後から２番目の音節に来る場合（palavras paroxítonas）にしか適用されない。よって、最後の音節にアクセントのある語（palavras oxítonas）における二重口母音 [éi] と [ói]、更に [éu] のアクセント記号は引き続き付される。

例：papéis, anéis, herói, heróis, troféu, troféus, chapéu, chapéus.

②　二重口母音に次ぐ強勢母音 “í” と “ú”

最後から２番目の音節にアクセントのある語（palavras paroxítonas）において、二重口母音に次ぐ強勢母音 “í” と “ú” のアクセント記号は廃止された。

改訂前	改訂後	意味
baiúca	baiuca	名　粗末な家、居酒屋
feiúra	feiura	名　醜さ、醜態

注意点１　アクセントが最後の音節にある語（palavras oxítonas）で “í” または “ú” が（複数形を表す “s” を伴う場合も含めて）語末に来る場合は、アクセント記号は引き続き付される。

例：Piauí, tuiuiú, tuiuiús.

注意点２　この場合の強勢母音 “í” と “ú”のアクセント記号はスペル上なくなかったが、発音はこれまで通りなので、要注意。

③ ARGUIR/REDARGUIR 動詞における強勢母音 “ú”

ARGUIR 動詞（論証する、試問する）及び REDARGUIR 動詞（反駁する、論駁する）の直説法現在形において、２人称単数形 “arguis”、３人称単数形 “argui” 及び３人称複数形 “arguem” の強勢母音 “ú” のアクセント記号は廃止された。

改訂前	改訂後	意味
(tu) argúis	(tu) argui	動 論証する、試問する（直説法現在形２人称単数形）
(ele) argúi	(ele) argui	動 論証する、試問する（直説法現在形３人称単数形）
(eles) argúem	(eles) arguem	動 論証する、試問する（直説法現在形３人称複数形）

注意点１　この場合の強勢母音 “u” のアクセント記号はスペル上なくなかったが、発音はこれまで通りなので、要注意。

変更その4　アクセント記号：閉音符（^）

① “ôo(s)” で終わる語

“ôo(s)” で終わる語のアクセント記号は廃止された。

改訂前	改訂後	意味
abençôo (verbo abençoar)	abençoo	動 神の加護を祈る（直説法現在形１人称単数形）
dôo (verbo doar)	doo	動 寄付する（直説法現在形１人称単数形）
enjôo	enjoo	名 吐き気、むかつき 動 吐き気を催す（直説法現在形１人称単数形）
vôos	voos	名 飛行、（航空機の）便

② “êem”で終わる語

“êem” で終わる語のアクセント記号は廃止された。

改訂前	改訂後	意味
crêem (verbo crer)	creem	動 信じる（直説法現在形３人称複数形）
dêem (verbo dar)	deem	動 与える（直説法現在形３人称複数形）
lêem (verbo ler)	leem	動 読む（直説法現在形３人称複数形）
vêem (verbo ver)	veem	動 見る（直説法現在形３人称複数形）

注意点１　**TER** 動詞と **VIR** 動詞（及びその派生動詞：manter, deter, reter, conter, convir, intervir, advir 等）の直説法現在形３人称複数形のアクセント記号は引き続き付される。

例：　Ele **tem** dois carros. / Eles **têm** dois carros.
（彼／彼らは２台の車をもっている。）

Ele **vem** de carro. / Eles **vêm** de carro.
（彼／彼らは車で来る。）

変更その5　区別用のアクセント記号

同じ発音と形をしながら、それぞれ異なった意味をもつ以下のペアの言葉を区別するために付されていたアクセント記号は廃止された。

① **"pára"** 【PARAR 動詞：止める・止まる（直説法現在形３人称単数形）】 x **"para"** 【前置詞】

改訂前	改訂後	意味
Ele **pára** o carro.	Ele **para** o carro.	彼は車を止める。

② **"péla"** 【PELAR 動詞：皮をはぐ（直説法現在形３人称単数形）】 x **"pela"** 【前置詞 POR＋冠詞 A の結語形 】

改訂前	改訂後	意味
Ela se **péla** toda.	Ela se **pela** toda.	彼女は全身の皮をはいだ。

③ **"pêlo(s)"** 【名詞：毛】 x **"pelo(s)"** 【前置詞 POR＋冠詞 A の結語形】

改訂前	改訂後	意味
Meu gato tem **pêlos** curtos.	Meu gato tem **pelos** curtos.	私の猫は毛が短い。

④ **"pólo(s)"** 【名詞：ポロ、極】 x **"polo(s)"** 【前置詞 POR＋冠詞 O の旧結合形】

改訂前	改訂後	意味
Ele mora no **pólo** sul.	Ele mora no **polo** sul.	彼は南極に住んでいる。

⑤ **"pêra(s)"** 【名詞：梨】 x **"pera"** 【PARA という意味の旧前置詞】

改訂前	改訂後	意味
Comi uma **pêra** de lanche.	Comi uma **pera** de lanche.	梨をおやつとして食べた。

注意点１　**Pôde/Pode** を区別するためのアクセント記号は残る。
（Pôde = PODER 動詞：できる（直説法完全過去形３人称単数形）
Pode = PODER 動詞：できる（直説法現在形３人称単数形））

例：Ontem ele não **pôde** sair, mas hoje ele **pode**.
（昨日彼は出かけられなかったが、今日は出かけられる。）

注意点２　**Pôr/Por** を区別するためのアクセント記号は残る。
〔 Pôr = 動詞：置く（原形・不定詞）。Por = 前置詞 〕

例：Vou **pôr** este livro na estante feita **por** você.
（あなたによって作られた本棚にこの本を置きます。）

注意点３　**Fôrma/Forma** を区別するためのアクセント記号の利用は任意である。
〔 Fôrma = 名詞：型。Forma = 名詞：形 〕

例：Qual é a **forma** da fôrma do bolo?
（ケーキの型の形は何ですか？）

変更その6　ハイフン(-)

ハイフンは主に合成語を作る時に利用される。合成語の形成には、２つ以上の内容形態素から構成される複合語、内容形態素と接辞から構成される派生語、同じ内容形態素の反復によって構成される語といろいろあるが、ハイフンの有無について新正書法改革の影響を受けたのは、主に接頭辞から構成される語である。そこで、接頭辞[1]から成る合成語とハイフンの関係に関するルールを以下にまとめる。

ハイフンが付く場合

①　以下の特定の接頭辞を伴う場合

接頭辞	意味	例
além-	～以上に、～の向こうに	além-mar, além-túmulo 等
aquém-	～以下に、～こちら側に	aquém-mar, aquém-fronteiras 等
ex-	元～、前～、旧～	ex-marido, ex-aluno, ex-diretor 等
pós-※1	～後、事後	pós-guerra, pós-graduação 等
pré-※1	～前、事前	pré-história, pré-vestibular 等
pró-※1	～賛成	pró-europeu 等
recém-	～したばかりの、新	recém-nascido, recém-casado 等
sem-	～無し	sem-terra, sem-vergonha 等
vice-	副～	vice-presidente, vice-diretor 等
circum-※2	～のまわりに	circum-navegação 等
pan-※2	全～、汎～	pan-americano 等

※1　語のアクセントが接頭辞にある場合に限る。別の音節にアクセントがある場合はハイフン無し。例：prever, promover, pospor.

※2　第２要素が母音または子音の “h”, “m”, “n” で始まる場合に限る。第２要素が別の文字で始まる場合はハイフン無し。例：pancontinental, circumplanetário.

②　第2要素が “h” で始まる場合

例	意味
anti-higiênico	形　非衛生的な
co-herdeiro※1	名　共同相続人
pré-histórico	形　先史時代の
sobre-humano	形　超人的な
super-homem	名　スーパーマン

例外：“subumano”。この場合、“humano” という語は “h” を失い、ハイフン無しで接頭辞と結合する。

※1　新正書法の規定にもかかわらず、ブラジル文学アカデミーは、その運営するポルトガル語正書法語彙表（VOLP= Vocabulário Ortográfico da Língua Portuguesa）において、接頭辞 “co” は常にハイフン無しで第２要素と結合すると定めている。“h” で始まる第２要素は “h” を失い、ハイフン無しで接頭辞と結合するため、ブラジルでは “coerdeiro” が正しい綴りとされている。

[1] ここでいう「接頭辞」には、狭義の意味の接頭辞に加え、接頭辞として機能する語も含まれている。

ハイフンが付く場合

③ 接頭辞の最後の文字と第2要素の最初の文字が同じである場合

例	意味
anti-inflacionário	形　インフレ防止の
anti-inflamatório	名　抗炎症薬
contra-ataque	名　反撃
inter-racial	形　異人種間の
inter-regional	形　地域間の
micro-ondas	名　電子レンジ
micro-ônibus	名　マイクロバス
semi-internato	形　半寄宿の
super-resistente	形　超タフな
super-romântico	形　スーパーロマンチック

例外：　接頭辞 “co” は第２要素が “o” で始まる場合でもそれとハイフン無しで結合する。
例：coobrigação, cooperação, coordenar, cooperar, cooptar, coocupante 等。

なお、上記③のルールを逆に解釈すると、接頭辞の最後の文字と第２要素の最初の文字が異なる場合は、ハイフンが付かなくなったことになる。以下の２ケースが想定できる：

ハイフンが付かない場合

A　接頭辞が母音で終わり、第２要素が子音または異なる母音で始まる場合

例	意味
autoaprendizagem	名　自己学習
autopeça	名　自動車部品
infraestrutura	名　インフラ
microcomputador	名　マイクロコンピューター
semiautomático	形　半自動の
semideus	名　自己学習

注意点１　第２要素が子音の “r” または “s” で始まる場合は、それらの “r” または “s” を重複する必要がある。
例：　antirrábico, biorritmo, minissaia, ultrassom。

B　接頭辞が子音で終わり、第２要素が母音または異なる子音で始まる場合

例	意味
hiperativo	名　異常に活発な
hipermercado	名　ハイパーマーケット
interestadual	形　州間の
intermunicipal	形　市間の
supereconômico	形　超経済的な

補足

合成語におけるハイフンの有無について、新正書法によって変更されなかったが、引き続き有効な主なルールを以下にまとめる：

① 2つ以上の内容形態素から構成され、新しい概念をもった合成語の場合 → ハイフンが付く

例	意味
ano-luz	名　光年
guarda-chuva	名　雨傘
médico-cirurgião	名　外科医
norte-americano	形　北アメリカの
tenente-coronel	名　中佐
tio-avô	名　大叔父

注意点１　もはや合成の概念がない語については、ハイフン無し。
例：girassol, paraquedas, pontapé 等。

② 数詞を第１要素とする合成語の場合 → ハイフンが付く

例	意味
primeiro-ministro	名　首相
segundo-tenente	形　少尉
sexta-feira	名　金曜日

③ 均質の形態素（動詞+動詞、形容詞+形容詞、語の反復）で構成される合成語の場合 → ハイフンが付く

例	意味
lava-jato	名　洗車
nipo-brasileiro	形　日系ブラジル人
pisca-pisca	名　自動車のウィンカー

④ 形容詞 Grã/Grão もしくは動詞で始まる地名、または冠詞でつながった地名が合成語である場合 → ハイフンが付く

例	意味
Baía de Todos-os-Santos	形　トドス・オス・サントス湾
Grã-Bretanha	名　英国
Trás-os-Montes	名　トラス・オス・モンテス

注意点１　他の合成語の地名はハイフン無し。
例：América do Sul, Cabo Verde 等。
例外：　Guiné-Bissau、Timor-Leste。

⑤ 動植物種を指す合成語の場合　→ ハイフンが付く

例	意味
couve-flor	図　カリフラワー
erva-doce	図　ウィキョウ
mico-leão-dourado	図　ゴールデン・ライオン・タマリン

注意点１　本来の意味から離れて使われる場合は、ハイフン無し。
例：Bico-de-papagaio　（観葉植物）× bico de papagaio　（背椎の変形）

⑥ 意味のある語を形成せず、単に語の並列の合成語である場合　→ ハイフンが付く

例	意味
eixo Rio-São Paulo	図　リオ・サンパウロ軸
ponte Rio-Niterói	図　リオ・ニテロイ橋
relação professor-aluno	図　生徒・先生の関係

⑦ -açu, -guaçu, -mirim 等のトゥピ・グァラニー語族由来の接尾辞から構成される合成語の場合　→ ハイフンが付く

例	意味
amoré-guaçu	図　アモレー・グァスー（魚）
anajá-mirim	図　アナジャー・ミリン（ヤシの木）
capim-açu	図　カピン・アスー（薬草）

Sílvia Noriko Kaneyasu（兼安シルビア典子）
ブラジルのサンパウロで生まれ、リオデジャネイロとブラジリアを経て、
日本へ２回の留学（文部省の国費留学生）。
ブラジリア大学法学部卒業。
名古屋大学大学院法学研究科修士課程修了。
名古屋大学大学院国際開発研究科博士課程満期修了。
2006 年まで名古屋大学・岐阜大学・名古屋外国語大学非常勤講師（ポルトガル語）。
現在、ブラジル在住。

PORTUGUÊS VIVO:VIVA BRASIL
新訂版・生きたブラジルポルトガル語・初級（テキスト＋CDセット）

2006 年２月１日　初版発行　定価　本体 2,500 円（税別）
2019 年４月１日　新訂版初版発行
2024 年２月１日　新訂版３版発行

著　者　©兼安シルビア典子
発行者　近　藤　孝　夫
印刷所　株式会社 坂田一真堂

発行所　株式会社　同　学　社
〒112-0005　東京都文京区水道 1-10-7
電話 代表(3816)7011　振替 00150-7-166920

ISBN978-4-8102-0333-2　Printed in Japan